시한부 인생에도 넘치는 감사와 찬양

내 인생의 미라클

시한부 인생에도 넘치는 감사와 찬양

내 인생의 미라클

초판 1쇄 발행   2022년 3월 5일

지은이   황선규
발행인   송정금 이요섭
편 집   송수자
디자인   이명애
사진편집   이동근

펴낸곳   엎드림 출판사
등 록   제2021-000013호
주 소   17557 경기도 안성시 공도읍 심교길 24-5
전 화   010-6220-4331

값 15,000원
ISBN 979-11-977654-9-0 03230

2부

효율성 많은 1:1 동역선교

지난 20년 동안 가장 행복했던 것은
하나님의 선교를 감당했기 때문입니다.
GSM 사역 20년 이모저모를 사진으로 모아봅니다.

행복했던 GSM 선교 20년
이모저모

'21 시애틀 GSM 선교의 밤'에서
김경식 국제 대표가
황선규 명예 이사장의 헌신에 감사하며
GSM 선교의 후원을 당부하고 있다.

'21 시애틀 GSM 선교의 밤'에서
황선규 명예 이사장과 황부희 사모 등
참석자들이 성탄 찬양을 부르고 있다.

'19 시애틀 GSM 선교의 밤'에서
부대표 존황 장로와 서성경 권사가
선한 목자 선교회에 대해 설명하고 있다.

'18 시애틀 선교의 밤'에서 조이플 합창단이 특별 찬양을 하고 있다.

'21 시애틀 GSM 세계 선교대회' 참가자들과 함께 기념 촬영

'21 GSM 세계 선교대회'에서 김경식 GSM 국제 대표가 인사말을 하고 있다.

'19 시애틀 GSM 세계 선교대회' 참가자들이 함께 기념 촬영

'19 시애틀 GSM 세계 선교대회'에서
황선규 선교사가 선교사들과 함께하고 있다.

태국 선교지에서 황선규 선교사 일행이 환영받고 있다.

88세의 고령에도 불구하고 풀러선교신학원에서
선교목회학 박사(DMinGM) 학위를 만학으로 취득한
황선규 목사가 황부희 사모로부터 축하를 받고 있다.

은퇴예배에서 황선규 선교사와 황부희 사모가
신임 김경식 국제 대표로부터 꽃다발을 받고 있다.

황선규 목사 85회 생신 축하

지난 크리스마스 때 함께 모인 가족들

황선규 목사와 신임 김경식 GSM 국제 대표가
시애틀 중앙일보에서 인터뷰를 하고 있다.

December 3, 20

1부 놀라운 하나님의
         역사

1. 하루하루, 달마다
산 소망으로 사는 시한부 인생

지난 2020년 1월은 코로나바이러스19로 말미암아 한국에서의 '선교의 밤' 행사를 할 수가 없는 상황이었다. 더욱이 나는 풀러선교대학원 졸업논문도 마감해야 하는 절박한 시점에다 전체 틀니를 해야 하는 건강상의 문제도 있었다. 이럴 때 방해 요소는 그뿐만이 아니었다. 이 일들을 실제 진행해야 할 한국 간사들의 반대에 강하게 부딪치게 된 본부의 사무총장마저 부정적인 마음으로 비틀거리니 어찌하면 좋은가?

이 문제를 놓고 다음과 같이 기도했다. "저들의 건의대로 3월 중에 할까요? 아니면 지금 1~2월에 당장의 계획대로 추진할까요?" 나는 최종적인 질문을 하고 있었다. 성령의 음성은 준엄하셨다. 3월로 미루는 것은 믿음이 아니다. 순종의 믿음을 보고 싶다. 이는 지금 당장 실천하는 것이다. 나한테 진두지휘하라는 것이다. 1980년 백마고지 전투에서 단독으로 한 고지를 탈환하던 때처럼 죽기 살기로 해야 하는 것이다.

"주님! 논문은 어떻게 하지요?" 또 다른 질문을 하는 나에게 주님께서는 "지금까지 논문은 네가 썼느냐? 내가 한장 한장 다 써 준 것이 아니더냐? 이제 7장과 8장(결론)까지 2장 남았으니 미국을 떠나기 전에 7장을 끝내고, 8장 결론은 비행기가 태평양을 날아가는 중에 쓰도록 최선을 다하라!"

나는 그대로 명령을 받아들였다. 그래서 새벽기도가 끝나자마자 마음이 흔들리기 전에 아무에게도 상의하지 않고 대한항공에서 항공표 구매를 끝낸 후, 이른 아침에 아내에게 말했다. 비상 작전이 시작된 것이다.

서울에서의 사역과 대전에서의 사역 현장은 긴장 일색으로 변했다. GSM 본부 사무국장이나 한국 사무국장 임수미 간사도 그 당시 나의 결단에 이의를 제기하는 자는 없었다. 그 결과는 놀라운 것이 될 것을 나는 믿었다. 왜냐하면, 그동안에 하나님이 일을 시키면서 지시하신 것은 언제나 기적적인 성공으로 몰아 주셨기 때문이다.

한국에서의 풍성한 열매는 기대 이상이었다. 모임 수부터 200명 이상 갑절이 되더니 저들이 마스크를 스스로 벗는 태도로도 성령이 충만한 것이었으며, 열매도 서울과 대전 합하여 목표가 50명이었는데, 2배가 넘는 100명을 초과 달성하니 역사상 처음 있는 쾌거였다.

그 후에 4월에 주님이 비상 작전명령을 발동해 주시면서 2020년 말 목표 3,000명 전후방 선교사를 달성하라는 준엄한 명령을 내리셨다. 그 내용은 내 책《평생선교사》를 2만 권까지는 선물로 나눠줬으나 나머지 1만 권은 10불로 판매하면서 후원자를 얻으라는 것, 곧 본부와 서울

지부의 간사들과 순회선교사들을 총동원하여 실천하라는 것이다. 또한, 10구좌 이상 여러 구좌 후원자도 더 얻으라는 비상명령도 주셨다. 그러므로 죽도록 충성하기로 다짐하고, 제1선의 격전지에 서게 되니 온몸이 달아오르는 흥분 상태가 되었다.

그리고 그 역사적인 3,000명 목표 달성을 바라보니 1~2월의 서울과 대전에서의 순종으로 말미암아 좋은 조짐이 나타나기 시작했다. 12월 초에 3,069명 선교목표를 초과 달성해 주셨다. 따라서 이 해가 넘어가기 전에 선교회의 국제대표직을 은퇴하고 새 리더들을 세우는 꿈을 주셨다.

시기적으로 건강상태가 양호한 편이고 선교회장을 19년 했는데 이제 20년 되기 전에, 나이 89세로 90세가 되기 전에, 나이로도 선교회장 연수로도 조금 부족하고 모자라다고 여겨질 때가 바로 겸손케 하는 상황이라는 마음을 주셨다. 따라서 조촐하게 12월 13일 GSM 국제대표에서 은퇴하고, 명예이사장으로 평생을 보내는 영광을 얻게 되었다.

그 후, 1월 29일부터 큰 아들 JOHN의 효심으로 두 딸 은경, 성경과 함께 한 주간 멕시코 푸엘토 바랄타(Puerto Vallarta) 휴양지를 다녀와서는 풀러선교대학원에서 마친 '일대일 동역선교에 관한 연구' 논문을 토대로, 1강에서 25강에 이르는 개요적 특강을 2월 16일까지 마무리하고 YouTube에 방영하게 되니 새로운 은퇴 후 사역이 시작되고 있었다.

그러나 건강 문제는 멕시코에서 발견되었는데 점점 악화일로에 있다는 생각을 떨쳐 버릴 수가 없었다. 아침에 샤워를 할 때에 이상한 조짐은 호흡이 짧다는 사실. 답답한 증상이 멕시코 휴양지 이후 빈번히 일어난다는 사실이며, 또 한 가지 나쁜 증세는 양쪽 발과 장단지의 부기가 좀처럼 빠지지 않는다는 사실이다.

드디어 2월 말 경에는 연거푸 호흡 장애가 5번째 오더니 드디어 그 날이 다가왔다. 2월 28일(주일) 오전 5시에 호흡 장애가 심하게 오기에 스스로 UWMC 응급실로 가려고 마음먹고 준비 중인데, 갑자기 호흡이 악화되어 어쩔 수 없이 둘째 딸 Robi로 하여금 911에 전화하게 하는 헤프닝이 생긴 것이다.

앰블런스가 도착해 응급조치하면서 St. Francis 병원에 후송되었다. 나는 차 창문으로 보이는 아내와 딸을 보면서 "주님 다시 저들에게 돌려보내 주세요" 마음속으로 긴급한 기도를 했다. 정말로 숨이 끊어지려는 최악의 상태라서 앰블런스가 출발을 못하는 긴급한 상황이었다. 병원과는 가까운 거리였음에도 불구하고, 먼 거리를 달려간다고 느껴졌다.

응급실에 도착 후에도 저들의 부주의로 말미암아 환자인 내가 "Help Me"를 수십 번 외쳐도 듣지 못하는 상황 속에 신음하였다. 약 1시간 방치 상태여서 오줌을 참을 수 없어 바지에다 방뇨하는 창피한 꼴을 당했다.

저들이 들어 와서 정중히 사과하는 바람에 마음으로 용서하고, 그 시간 이후 소위 이뇨제를 투입, 2일간이나 응급실에 머물면서 용변통 비우기만을 하게 되었다. 그 결과 발과 다리와 손과 발, 그리고 신장, 심장, 폐 등 모든 부분에서 부기가 빠지는 단순한 치료가 계속되었다.

3일째는 일반 병실로 옮겨져서 190-200 수준의 혈압조절을 위해 2일간 더 치료를 받은 후 소위 투석(Dialysis)의 권면을 받았으나 거절하고, 3월 3일 퇴원하니 새로운 생명을 주심을 감사하였다. 그리고 호흡이 평안한 가운데 날마다 혈압조절에만 전력을 다하였다.

그 후 UWMC 신장(Kidney) 전문의를 3월 31일 만나니 의사는 신장이 3년 전 30% 기능에서 이제는 15% 기능으로 악화되었으니 투석을 하라는 권면을 또 받게 되었다. 그보다 더 심각한 것은 심장의 불규칙적인 박동과 뇌졸중 곧 중풍(Stroke)에 관한 염려 등을 설명하였는데 그러는 와중에, 성령께서 나의 병세에 관하여 새로운 깨달음을 주셨다.

"아! 몇 년 살 수 있는 상태가 아니로구나. 하루하루 산다면서 몇 년을 바라보고 있었던 것은 허상이다. 하루하루 살되, 한 달을 목표로 하고 살아가야 맞다. 오늘이 3월 30일이니 오늘 하루와 내일 31일을 넘어가야 3월 한 달을, 3월 3일 퇴원 후에 살게 되는 것이다.

그러니 오늘과 내일, 이틀을 어떻게 극복할까? 하는 똑바른 생각을 하게 되었다. 문제는 혈압조절을 통한 심장마비와 중풍예방이 급선무였다. 그러나 온전히 주님의 손에 하루하루가 달려 있다. 그러므로 잠자리에 들기 전에 사전에 만반의 준비를 함이 마땅하다.

따라서 그날 밤 곧 3월 30일 취침 전에 이제까지 하지 않았던 한 가지 행사를 하게 되었다. 곧 주님이 십자가에서 돌아가시기 전 말씀하셨던 가상칠언의 묵상이다.

제일 마지막 7언은 "아버지여 나의 영혼을 아버지 손에 부탁하나이다"(눅 23:46)이다. 물론 그 이전에 주의 기도문을 암송하고, 가상칠언을 1언부터 7언까지 묵상하면서 결론적으로 제7언을 묵상하는 것이다.

"주님 저는 만족합니다. 저는 하나님의 처분하심을 최상, 최고, 최선으로 믿으며 오늘 밤 심장마비로 천군천사 보내 주셔서 영광의 나라에 이르게 하셔도 아무런 여한이 없습니다. 그것은 나의 산 소망입니다.

그러기에 자녀들과 후진들에게 남기고 싶은 《평생선교사》 책 부록인 자서전적 이야기의 초고를 4월 말까지 마칠 수 있게 되길 소원합니다. 거기에다 WIMU, 워싱턴국제선교대학교 이사장의 일 등 두 가지가 남아 있다지만 오직 주님의 결정만을 신뢰하며 감사하며 순종합니다.

이것이 나의 인생에 시한부를 살면서 감사와 찬양이 넘치는 이유입니다. 할렐루야!"

황선규 목사 85회 생신 축하 포스터

1975년 이민 오기 1년 전 가족사진

◆

2. 고향의 추억과
고졸까지의 생애

◇

◆

　　누구에게나 고향의 그리움이 있는 것은 인지상정
이다. 나의 고향은 전라북도 익산군 망성면 내촌리 50번지 동촌(洞村) 마
을이다.

　　할아버지와 아버지는 근면성실함으로 자수성가하셔서, 나는 어린
시절에 7살까지 부잣집 둘째 아들로 살았으며, 망성 초등학교 1학년
1학기까지 다니고 그 당시 대도시인 충남도청 소재지인 대전시로 이사
갔다. 그 후 초등학교 5학년까지 대전에서 어린 시절을 보내다가 8.15
해방 전에 미군기의 공습이 두려워서 다시 시골로 이사 가게 되었다. 그
러나 중학교 때는 인접 도시인 강경읍의 중앙초등학교로 6학년 편입
을 하여 어린 나이에 이모님 댁에서 하숙도 하였으나, 마음이 불편해서
6Km 거리를 자전거로 통학하며 중앙초등학교를 졸업하였다.

　　그 후 하늘의 별따기처럼 어렵다는 전주사범학교에 18:1로 합격하는
기쁨을 누리게 되었다. 그 이듬해인 1945년 일본 강점기로부터 해방을

맞을 때까지 사범학교 기숙사에서 유명한 일본식 기압으로 고달픈 훈련을 받는 시절을 보냈다.

해방 후 강경상업고등학교로 전학을 하고 1년 후에 다시 대전공업고등학교로 전학을 하니 초등학교 4곳, 중고등학교 3곳 모두 7곳에서 고등학교를 마치게 되었다.

이어 졸업 직전에 남북이 분리 독립된 상태에서 불행한 6.25 전쟁이 발발하니 젊은이 모두가 군대에 동원되어 동족상잔의 고난 행군이 널리 열리게 된다.

고향에 대한 추억은 이처럼 시골의 망성면과 강경의 이모님 댁 하숙 생활의 어려움과 대전 등지의 일제 강점기 때 어린 시절 5년과 해방 후 1년의 고향 생활과 대전에서의 중고등학교 5년간이 전부이니 고향에 대한 추억도 여러 개로 나누인다. 시골 개울에서 멱 감으며 물고기 잡고 논에서 발치고 게 잡던 추억과 대전천 목척다리 밑에서 소위 파리통으로 물고기 잡던 추억들이 새롭다. 그렇지만 고향에 대한 애틋한 추억이 많은 것은 아니다.

그 후 철도경찰관으로 대전역에서 근무하였으며, 군무에 소집되어 대구와 부산 장정대기소를 거쳐 제주도 육군 제1훈련소에 입대, 하사관학교를 졸업하고 훈련소의 조교로 군 생활을 하던 중, 사관후보생으로 합격하여 부산 동래와 전남 광주의 육군보병학교를 거쳐 1950년 갑종 간부 10기생으로 육군소위로 임관되고, 졸업 당시 수석 졸업의 영예를 얻었기에 육군 보병하고 제25기 간부 후보생 구대장으로, 훈련관으로 기압대장이란 명성을 떨치게도 되었다.

그 후, 철원지구 9사단 29연대 3대대 9중대 1소대장으로 전보되었으며, 휴전 직전에 그 유명한 백마고지 전투에서 1소대장을 겸한 9중대장이란 일선 지휘관으로서 혁혁한 무공을 세우게 된다.

그러나 휴전 직전에 크게 중상을 입고 야전병원을 거쳐 대구 육군병원으로 후송되어 장기간에 걸쳐 여러 번의 수술과 투병생활을 하게 되었다.

여러 해가 지난 후 군대의 숙군 계획과 관련하여 '상이장병 보상투쟁 위원회'를 조직, 군대와 정부요로를 통해 보상투쟁을 실천하는 선봉에 서게 되어 하나님의 은혜로 성공적인 목표달성을 하여 숙군에도 기여하고 그 후 군사정변 후에 '군사원호청' 정부기구 발전에도 기여하는 사역에 쓰임 받게 되었다.

백마고지 전투에서 부상하여
소령으로 예편한 황선규 목사

3. 백마고지 부상은
하나님의 은혜

◇

◆

    샤머니즘 부적(符籍)의 인생에서 기독교 성경의 인생으로 변화된 것은 보통의 사건이 아니다.

    고등학교 3학년 시절, 한국전쟁이 발발함으로써 학도병으로 전시 동원되었다. 대전시 성남동에 살고 있던 우리 가정의 신앙은 샤머니즘이었다. 사랑하는 아들의 무운장구를 기원하던 어머니는 뒷마당 장독대에 정안수를 떠다 놓고 새벽마다 목욕재계 하며 알지 못하는 신에게 빌었다. 그리고 부적을 사서 나의 몸에 지니도록 하셨다. 그런 방법밖엔 아들의 무사귀환을 위한 다른 방법은 없었으리라.

    나는 그 후 백마고지 전투부대인 9사단 29연대 3대대 9중대 1소대장으로 배속, 얼마 후에 그 유명한 격전지에 투입되었다. 첫날 전투에서 중대장 서 중위가 행방불명됨으로써 나는 임시 중대장 및 1소대장으로 전투에서 격전을 겪었다. 나는 한 전투가 끝날 적마다 솔직히 미소를 머금는 것은, 안 주머니에 있는 부적때문에 살았다고 믿고 그것을 만져 보고는 했다. 나의 속사람은 "네가 나를 살렸다"라고 전투 후마다 부적의 신에게 감사했다.

이와 같이 날마다의 전투에서 승승장구하던 중에, 마지막 전날에 큰 부상을 입어 들것에 실리어 후송당하는데 그 와중에도 간헐적으로 적의 포탄이 날아왔다. 어느 정도 가까이 낙하하는지를 소리를 들어 알 수 있었다. 이때 들것을 운반하던 위생병은 나를 내팽개치고 달아났다. 인간의 본능에서 일어나는 행동이리라. 나는 하늘을 우러러보고 "하나님"을 처음으로 본능적으로 외쳤다.

그 후 야전병원을 거쳐 응급치료를 받은 후 대구 제일육군병원에서 장기 치료를 받는 중에 최모 전도사의 전도를 받고 크리스천이 되었다. 그 후 연약했으나 평생 하나님을 경외하며 그의 영광을 위한 인생을 살아가려고 힘쓰고 있다. 참으로 복된 삶을 생각할수록 하나님의 은혜가 너무나 고맙고 감사하여 표현조차 어렵다.

만약 백마고지에서 중상을 당하고 70여 평생을 상이군인으로서 육신적, 정신적 고통 없는 안이한 인생을 살았더라면, 어떻게 되었을까? 내가 만일 부상을 당하지 않았더라면, "나를 살려준 신은 부적의 신"이라고 마음속에 확신하였으리라.

그리고 예수 믿으려면, 부적이나 믿으라 하며 창조주, 구세주, 심판주를 모욕하는 불신자요, 비기독교인이 되었을 것인즉 얼마나 불행하고 저주스런 인생을 살아야 했겠는가? 생각하기조차 끔찍하다.

하나님의 선하시고 귀하신 삶의 목적을 모르고 얼마나 허송세월을 보냈을까? 생각하기조차 힘들다. 고난은 인생에게 새로운 창조와 유익을 선물한다. 그 영육간의 고통을 통해 남을 섬기며 헌신하는 일에 귀하게 쓰임 받음을 일일이 열거하기 힘들 정도로 감사의 제목이 풍부하다.

'19 시애틀 GSM 선교의 밤'에서 국제 대표 황선규 선교사가
1대1 동역 선교를 강조하고 후원을 당부하고 있다.

4. 영적 전쟁에서 싸우는
승리의 주역들

◇

◆

GSM은 다섯 가지 기준으로 선교사를 선임하여 1:1동역선교가 이루어지도록 하는 교량 역할을 감당한다.

하지만 일선에서 사역하는 선교사님들 한 분 한 분 모두 다 귀하고 특별한 분들임을 생각할 때, GSM이 부득불 몇몇 분들만을 후원한다는 사실 앞에 때론 '선별'이라는 말 자체에서 심한 부끄러움을 느끼기도 한다.

상이군인 출신이라 그런지 나는 일선의 선교사들을 보면 이분들이 야말로 지상전투에 있어 가장 힘들고 위험한 전투 병과인 '보병'과 같다는 생각이 든다.

"보병(步兵)은 곧 주병(主兵)이다"라는 말에서 알려주듯, 보병 병과에서 중대장과 연대장은 물론, 사단장, 군사령관 등의 지휘관들이 배출된다. 그만큼 보병은 생명을 건 전투에서 강력한 전투 능력으로 승리의 주역이 될 수 있는 사람들이다.

소총을 무기로 삼아 최후의 돌격전 단계에서 적에게 돌진해, 승패를 좌우하는 보병들이야말로 마치, 영적 전투에서 믿음으로 무장한 채 적진으로 뛰어들어 한 영혼을 구해 오는 선교사들을 상징하는 것 같다.

나는 6.25 전쟁 중 육군 제9사단 29연대의 3대대 9중대 1소대장을 맡은 바 있었다. 그때 나는 그 유명한 '백마고지 전투'를 치렀다. 1952년 10월의 일이었다. 중공군은 백마고지를 점령하려고 인해전술로 대공세를 취해 왔고, 우리는 미군 포병의 지원을 받으며 전 사단 병력을 동원해 대대적인 격전을 벌였다.

그때 나는 최전방에서 전투부대의 소대장 임무를 수행했었는데, 공격 첫날 중대장이었던 서 중위가 행방불명이 되는 바람에 최고 선임자인 내가 임시 중대장으로 임명받아 전투 중대를 지휘하게 되었다. 그런데 중대장이라는 그 자리가 나를 움직였던 것일까? 그 전투에서 나도 몰랐던 용맹스러움이 발휘되면서 싸움을 승리로 이끄는 데 공헌하게 되었다.

그날이 언제였는지 정확히 기억나지는 않는다. 하루는 백마고지의 최고봉까지 가기 전인 중간고지에서 중공군의 저항에 부딪쳐 1개 연대가 묶여 버린 일이 생겼다. 중간고지를 점령해야 최고봉으로 갈 수 있는데, 중간고지의 팔부능선쯤 올라가면 참호 속에 숨어있던 적군의 수류탄 세례가 쏟아지는 바람에 올라가던 우리 부대가 처참하게 전패했으니 더는 진격할 수가 없게 된 것이다. 그리하여 이 전투는 소강상태에 접어들고 말았다. 그런데 그때, 알 수 없는 누군가가 나의 속사람을 격동시켰다. 중대장인 내가 혼자 올라가서라도 무너뜨리자는 마음이 나를 뜨겁게 격동시켰던 것이다.

나는 기회를 엿보다가 수류탄 네 발을 가슴에 달고, 한번 방아쇠를 당기면 30발까지 연발로 나가는 성능 좋은 자동소총(M2 칼빈총)을 손에 든 채 혼자서 고지를 향해 뛰어 올라갔다. 중대원은 물론 천여 명의 연대병력이 숨죽여 지켜보는 상황에서 어떻게 그런 담력이 생겼는지 모르겠다. 놀랍게도 내가 혼자 뛰어서 8부 능선에 올라갈 때까지 참호 속의 적병은 아무도 눈치를 채지 못했다. 안도의 숨을 내쉬며 나는 그곳에서 멜빵에 달려있던 수류탄 하나를 침착하게 손에 쥐었다. 짧은 순간, 수류탄 던지는 기술을 머릿속으로 되뇌었다. 뇌관을 터뜨린 뒤 하나, 둘, 셋을 센 후 적진의 참호 속에 수류탄을 던져야 한다. 만약 뇌관 점화 후 셋을 세지 않고 그대로 수류탄을 던져버리면 10초 후에야 폭발하는 수류탄의 특성을 알고 있는 적진에서 그 수류탄을 집어 다시 내게 던질 수도 있다. 그렇게 되면 내가 죽는다.

이렇게 숙지한 나는 배운 그대로 뇌관을 점화한 후, 타들어가는 수류탄 심지를 손에 쥔 채 하나, 둘, 셋을 세고는 적진을 향해 수류탄을 정상의 참호에 들어가도록 슬쩍 던졌다. 생전에 말로만 듣던 방식을 아무런 경험 없이 그대로 실천한 것이다.

순간, 쾅! 하는 굉음 소리가 요란하게 들려 왔고, 나는 다시 2탄, 3탄의 수류탄을 던졌다. 엎드려 살펴보니 적진으로부터 아무런 반응도 없었다. 적병 모두가 몰사했다는 증거였다. 이 순간이 백마고지의 중간고지가 점령되는 순간이었다. 지금 생각해도 내가 그때 어떻게 그런 용기를 낼 수 있었는지 알 수가 없다. 단 하나 확실한 건, 그때 당시 나는 더

할 수 없는 위기 상황에서 우리 아군들에게 "나를 따르라"(Follow Me)의 모범을 보여야 한다고 생각했다는 점이다. 생명이 오가는 전투에서 목숨을 걸고 앞서 나가야 하는 자리, 그래서 승리의 주역이 될 수 있는 자리가 소대장이나 중대장의 자리임을 알고 있었던 것이다.

세계 곳곳에서 섬기는 일선 선교사들을 볼 때마다 나는 가끔 그때의 일을 떠올리게 된다. 일선 선교사들이야말로 총사령관 되시는 주 예수 그리스도께서 불러내어 쓰시는 전투병이요 소대장, 중대장들이 아니겠는가? 악한 마귀가 점령한 땅을 절대로 내어주지 않으려는 영적 전투지에서 적의 총알받이가 될 각오를 안고 한 걸음 한 걸음 격전지를 향해 앞서가는 사람이 바로 선교사들이다.

그런 면에서 선교사의 자리는 아무나 감당할 수 없는 자리이기도 하다. 정직하고 충성스러우며 용맹해야 한다. 장차 받을 상급을 바라보며 현재의 고난을 잠시 잠깐 받는 고난으로 참고 견딜 수 있는 믿음의 장부들만이 그 자리까지 갈 수 있다. 그러나 세상의 명예와 부귀영광을 포기해야 하지만, 영생을 받지 못할 자가 없는 보장된 직분이기도 한 것임을 잊지 말자.

선교사들은 예수 그리스도만이 생명이요, 길이요, 진리라고 믿으며 그의 선하시고 기뻐하시는 뜻을 따르는 추종자들이기 때문이다. 죽어가는 만민들에게 생명의 복음을 전하기 위해 자기를 부인하고 제 십자가를 지고 따라가는 사람들, 그들이 바로 선교사들인 것이다. 그래서 우리는 선교사들을 힘껏 도와야 한다. 후방에서 그들에게 무기와 식량을 공급해 줘야 하며, 선교사가 목숨을 걸고 고지를 점령했을 때 함께 그곳

'19 시애틀 GSM 선교의 밤'에서 황선규 선교사 부부(오른쪽)와
캄보디아 김영철 선교사(왼쪽), 몰도바 이태형 선교사
그리고 사무총장 김경식 선교사(뒤) 등 참석자들이 함께
고요한 밤을 부르고 있다.

에 올라가 전진의 발판을 다져주기도 해야 한다. 우리가 그렇게 앞서 나가는 선교사를 도와 중간고지를 점령해 갈 때, 하나님께서는 최후의 고지까지 우리에게 주시어 세계 복음화를 가능케 하실 것이다.

그날의 단독 돌진 중간고지 점령사건은 백마고지 전투사상 매우 중대한 모멘텀이 된 것이 사실이다. 그날의 전투 실적은 미국정부에서 수여하는 은성훈장(Silver Star Merit Medal) 대상이 되는 것이 당연하였다.

그러나 나는 그 후 며칠이 지나 큰부상을 입고 야전병원에서 응급조치를 받고 서울 수도육군병원을 거쳐 대구 제일육군병원으로 후송되었다. 그 후 수년 동안 여러 번의 수술을 받으며 여러 병원을 전전하면서 소위 상이군인의 병상 생활이 시작되어 고난의 터널을 지나고 있었다.

그러던 어느 날 그 당시 10중대장이었던 양 중위가 문병을 와서 다짜고짜 미안하다고 사과를 한다. 그날의 혁혁한 전공으로 말미암아 9중대장이었던 내가 마땅히 받아야 할 미국 은성훈장을 자기가 받았다는 것이다.

그도 빛나는 전공이 있던 자였으나 그날의 그 용감한 전투로 말미암아 나에게 밀릴 수밖에 없었던 것이라 생각한다. 나는 한국 사람들의 행정처리 사정을 이해한다. 눈에 보이지 않으면 무시해 버린다.

그러나 미국사람들은 공로를 따라 추적하여 아마도 병원으로 전달해 주었으리라! 이런 점이 각 나라, 민족들의 문화, 가치관의 차이라고 보기 때문에 섭섭함이 나에겐 없다. 그도 그것을 받을만한 용감한 중대장이었으니까!

'16 시애틀 선교의 밤'에서 황선규 대표가
몰도바 이태형 선교사를 소개하고 있다.

이민 온 후 첫 직장에서 제일 먼저 사귀게 된 친구 John Purcell과 함께

5. 죽을 고비 몇십 번을
넘겨주신 인생길

◇

◆

　"인생은 고난의 길이다"란 표현을 쓰기 좋아하는 사람이 많다. 인생을 살아가는 동안 사람마다 고난을 더 많이 당하기도 하고 덜 당하기도 한다.

　예컨대, 우리 형제는 7남매인데 그중에서 가장 많이 고난 당한 자가 누구냐고 묻는다면 이구동성으로 둘째 '황선규'라고 말하게 되리라.

　첫 번째의 고난은 고교를 졸업하던 해인 1950년에 한국전쟁이 발생했다. 청년들은 군대에 강제 징병되었고, 나는 육군 소위로 임관하여 중부 전선의 철원지구 백마고지 전투에 투입되었다. 휴전을 앞둔 땅뺏기가 치열한 10일간의 전투에서 임시 중대장의 중책을 맡고 이루 말할 수 없는 고통의 전투를 계속하였다. 수많은 중대원의 희생적 전투에서 나도 중상을 입게 되었다. 따라서 야전병원에 이송되어 두 다리 절단이라는 절망에서 건짐을 받고 서울을 거쳐 대구 제일육군병원에 이송되어 각종 수술을 받는 고난의 행군이 시작되었다.

그러나 나의 중상은 오히려 축복의 통로가 되었다. 왜냐하면, 그때까지 샤머니즘(몸에 부적을 지니고 다녔다)에 젖어 살던 나의 생애에 놀라운 변화가 찾아온 것이다. 부상 후 들것에 실려 하산하던 때의 일이다. 적의 포탄이 가까이 떨어지는 상황에서 위생병이 나를 싣고 가던 들것을 내동댕이치고 달아났다. 나는 이때 처음으로 하늘을 우러러보며 "하나님"을 외쳤던 것이다. 여러 해에 걸쳐 수술하면서 병원생활을 하던 나는 "주 예수를 믿노라" 신앙고백을 하고 기독교인이 되었지만 신실한 신앙생활을 하는 기독신자는 오랫동안 아니었다.

그러는 중에 40대 중반이 되었고, 국가보훈처에서 중책을 맡아 나라와 민족을 위해 헌신하였으며, 5남매를 하나님의 선물로 받았으며, 형제들을 따라 미국 이민 길에 오르게 되니 그때가 벌써 1976년 4월 봄이었다.

그 당시 미국이란 너무나 생소한 곳이요, 미지의 세계이었다. 아무런 준비가 되지 않은 상태에서 그 많은 가족을 데리고 준비금 없이 이민을 떠난다는 것. 얼마나 준비가 미흡했으면 8식구의 비행기 표를 외상으로 (NW Fly Now Pay Later) 타고 올 정도였으니까 지금 다시 하라면 못할 아슬아슬한 모험의 시작이 아닐 수 없다.

미국의 첫 기착지는 워싱턴 주 시애틀이었다. 그 당시는 이민 정책의 새로운 챕터가 열린 때여서인지 시애틀공항에서 영주권(Green Card)을 교부해 주던 시절이었다. 아무런 기술도 없었지만, 평소에 닦아 두었던 영어실력(?)과 하나님의 은혜로 주정부의 공원관리청(State Parks & Recreation Commission)공무원으로 취직이 되었다.

이때 제일 먼저 사귀게 된 친구는 John Purcell이었다. 그는 그 청에서 상당한 지위가 있는 자였으며 한국 아이 Paul을 입양하고 있어서 좋은 크리스천인 동시에 친한파로 소탈하고 정직한 친구였다. 우리는 서로 매우 가까운 기간 내에 좋은 친구관계가 되었기에 나에겐 큰 힘이 되고 도움이 되었다.

이즈음에 나는 대형 자동차 사고를 일으켰다. 혼자 있을 때인지라 올림피아에서 술 한 잔을 하고 음주운전을 하는 중에 과속운전에다 비 오는 한밤중이어서 앞에 노인이 운전하는 차를 뒤에서 받아 버렸다. 먼저 그 친구를 불러 사고를 수습하는데 서투른 영어로 얼마 전 서울에서 이민 왔다면서 사죄하였다. 그 차 안에는 노인 몇 명이 타고 있었던 것으로 기억된다. 존 퍼셀(John Purcell)의 중개로 수리비는 청구하는 대로 치러주기로 하였다.

그러나 그 사건은 그것으로 끝나질 않았다. 며칠 후에 그 노인들 중 한 사람이 심장마비로 사망했다는 것이 아닌가? 이런 경우 보통은 사망 원인을 교통사고로 보며, 재판을 받아야 하는경우가 된다는 것이다.

이때 하나님의 은혜가 임했다. 부인이 너그럽게도 얼마 전 심장마비의 증상도 있었다고 하면서 사망 원인을 교통사고로 보지 않겠으며 소송도 하지 않고 용서하겠다는 것이다. 너그러운 처분으로 말미암아 그 무서운 재판을 면할 수 있었음을 어찌 다 감사하랴!

세월은 많이 흘러 시애틀에서 목회를 하던 때의 일이다. 교회 밴을 하나 구입해서 이를 운전하면서 목회를 하던 때이다. 교회가 부흥하여 (교인 수 150명) 심방과 사역으로 분주한 중이라서 운전 중에 차선을 벗어

나는 일, 졸면서 하는 위험한 운전 등을 상습적으로 하다시피 하던 때였다. 그러던 어느 날 오후에 졸다가 앞에 가던 오토바이를 치게 되었다. 정신을 가다듬고 보니 앞 바퀴에 그 오토바이가 운전자와 함께 매달려 가며 멈추지를 못한 상태에 있었다.

순간 옆길에 급정거할까도 생각했지만, 정신을 가다듬고 조용히 차도 옆에 정차함으로써 그 오토바이 운전자는 다리에 골절상을 입었을 뿐 생명에는 지장이 없었다. 피해자는 마침 변호사 후보생이었다. 병원에 심방을 가서 사죄도 하였지만, 소송이 걸려, 몇 년 동안 변호사 사무실에서 근무하는 조카 황쥴리의 도움으로 17만 달러의 보상금으로 해결되니 이 또한 하나님의 크신 은혜의 단편이었다. 소송문제가 해결되기 전 몇 년 동안 철없는 아이처럼 아무런 걱정 없이 지냈으니 조카 쥴리의 은혜요, 궁극적으론 하나님의 은혜라 아니 할 수 있겠는가!?

한번은 태풍이 우리가 사는 곳을 휩쓸었던 때였는데 우리 집 뒤뜰에 뿌리 썩은 큰 나무가 부러지면서 지붕을 때리고 큰 가지가 응접실로 들어오면서 장혜경 집사의 머리를 스쳐 떨어졌다. 머리에 제대로 맞았으면 죽거나 뇌진탕이 되었으리라. 하나님이 그 순간, 우리를 구원하시고 정신을 차리고 주를 바로 섬기도록 경고하신 사건으로 보고 지금도 나는 감사하는 마음을 가진다. 하나님은 참으로 위기에도 너그러우시고 용서에 마음이 크신 분임을 깨닫는다.

한번은 대전공고 동창이며 매우 친하게 지내던 송희춘 사장의 반가운 전화를 받았다. 가까운 시택지역의 호텔이어서 놀랐는데 부인과 함께 여행 중인데 나의 도움이 절대 필요하다는 것이었다. 당시 전두환 대통령 시절, 그의 정부에 밉보여서 도망쳐 나왔다는 것이다. 그러므로 정부의 용서가 선행되어야 한다는 것인데, 내용인즉 세금미납, 외국여행이 너무 잦은 것 등 악덕 기업가 10개 중 하나로 찍혔다는 것이다.

그래서 세무사찰이 있기 전, 재판회부 전에 외국으로 피신한 것이다. 이런 사람이 나에게 무슨 부탁이 있을까? 생명이 다급하면 지푸라기라도 잡는다고 하지 않았던가? 나는 이민생활 10년에 한국의 연고도 별로 없거니와 정치하는 사람도 아니었기에 당연히 도움을 줄 수 없다고 생각하던 터에 그는 나에게 구체적으로 도움을 청하는 것이 아닌가?

그 당시 상공부장관이었던 금진호를 만나 달라는 것이다. 그는 나의 군 동기인 동시에 서울대 행정대학원 동문이었다. 또 하나는 우리의 대전공고 동문인 유근무 중장이 그 당시 부산지구 군수기지사령관으로 있었다. 그는 육사 13기로 당시 국세청장이었던 안무혁과 친분이 있으니 만나서 구명해 달라는 구체적인 정보를 가지고 있었으니 나도 놀랐다.

나는 고민하기 시작했다. 첫째는 비행기 표값이 없었다. 둘째로는 그 당시 엄동설한의 계절로 힘든 여행인데다가 가서 만난다는 보장도 전혀 없는 그런 청탁의 길이었다. 그런데 왜 거절하지 못했는가? 그 이유는 간단했다. 그 송 사장을 평소에 전도하려고 애써 왔기 때문이다. 이런 기회에 그의 특청을 들어 사랑으로 대하지 않으면 이제까지 전도하던 것이 허사가 될 수 있기 때문이다. 평소에 우리가 만날 때마다 첫 대화는 이러했다. 그는 나를 보면서 "선규야 넌 돈 좀 벌어라." 나는 그에게 돌려주는 말이 "희춘아 너 예수 믿어라"였다.

한국으로 가는 비행 중에 그날따라 날씨가 매우 거칠었다. 비행기가 얼마나 진동이 심하던지 나는 성경책을 끌어안았다. 그리고 기도했다. "하나님 전도하기 위한 기회이오니 무사히 서울에 도착하게 해 주세요."

그날 날씨는 보통이 아니어서 알라스카 앵커리지에 불시착하여 몇 시간 지체하는 일이 생겨난 별난 날이었다. 무사히 그 이튿날 서울에 도착하여 금진호 장관에게 연락하고 답신을 기다리는 중에 송 사장 장남과 함께 유근무 군수기지사령관을 만나려 빙판의 경부고속도로를 타고 부산으로 내려갔다. 다른 동문 몇 명과 함께 유 장군을 만나 사정을 말하니 그는 군단장 나가기를 소원하며 몸조심하는 심리상태에 있었기에 나의 특청은 자연스럽게 거절될 수밖에 없었다.

그 후 금진호 장관한테는 리터닝 콜조차 받지 못했다. 이처럼 아무런 성과도 없는 불요한 여정 속에서 위로가 된 것은 한국 봉천교회 담임목사인 이간호 내외를 통하여 뜻하지 않은 신학교로 진학하라는 권고였다. 온종일 숙박하고 있는 리버티 호텔에서 권면을 받고 보니 영적으로 예사로운 일은 아니라고 생각되었다.

그의 친구 총신대 총장과 의논해 보겠다기에 나는 반승낙을 했다. 그 당시 내 나이 55세였으니 엄청난 도전이 아닐 수 없다. 그때 마침 신앙의 선배이자 조카된 유강식 선교사 생각이 나서 전화를 했더니 다른 아이디어로 나를 슬며시 권고했다. 수도침례신학교 4학년으로 편입하라는 것이다. 학장 김갑수 목사와 친분도 있으려니와 침례교 백철기 목사는 자기 제자라면서 강권하므로 바로 그 이튿날 김갑수 학장님을 만나니 서울대학원을 졸업했으니 3, 4년 동시 수업이 가능하다며 적극권장

수도 침례신학대학 졸업장

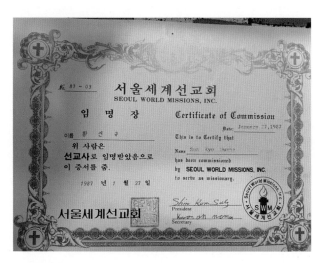

세계선교회 파송 선교사 임명장

하므로 그리하기로 잠정 결정하였다.

　친구를 전도하려고 어렵게 서울을 왔지만 이 일은 실패하고 하나님의 늦깎이 신학생으로 부름을 받고 어려운 결단의 순종을 하게 되니 지금 생각하여도 하나님이 마지막으로 주신 헌신의 기회였다.

　그래서 조직된 기관이 '서울세계선교회'요 첫 번째 평신도선교사 안수를 김갑수 학장을 통해 해외 출신 5명이 받게 되었으며, 1987년 5월 시애틀에 평신도 파송선교사로서 시애틀중앙침례교회(CBC)를 개척하기에 이르렀다. 그리고 15년간 목회기간에 '1:1 동역선교'를 도입하여 100명의 선교사 후원을 8년 만에 이루는 놀라운 기적을 받아 누리게 되었다.

　목회를 마무리하기 몇 년 전에 아내는 유방암으로, 나는 폐암 말기로, 고난의 투병이 시작됨으로써 심한 풍랑을 만나게 된다. 아내는 지병으로 말미암아 63세를 일기로 생을 마감하게 되었으며, 그 후 나는 폐암 말기를 경험하며 병상목회를 하면서 투병하게 되었는데, 기적적으로 목회를 15년만인 2002년 마감했다. 그러나 그것으로 생의 사명을 다 마친 것이 아니라, 70세 은퇴 후에 또다시 선교사로 부름을 받고 목표량을 허락하시고 '선한목자선교회'를 운영하게 하셨다.

　그 이후 기적적으로 폐암에서 해방되게 하셨으나 다른 병들이 수반되어 이로 말할 수 없는 중환자로서 고난 중에도 경환자처럼 선교활동을 하게 하시니 나 자신이 생각해도 놀라우신 하나님의 역사하심을 무어라 설명하기가 난감하다. 병원을 입퇴원하면서 수술한 큰 것들만 생각해도 심장수술 5번은 선교여행을 다녀오자마자 시택비행장에서 앰뷸런스를 대기시켜 놓았다가 곧 바로 UWMC(워싱턴대학병원 메디칼센터)로 이동하는 수순을 모두 받았다.

그럼으로써 스탠츠(Stents) 4개를 삽입하였으며 의학적으로 한 개를 더 추가해야 할 상황에서 더이상 수술을 할 수 없어 약물치료로 대체하고 있는 것이 현실이다.

그 외에도 뇌졸중, 곧 중풍의 증상으로 말미암아 서울 등 선교지에서 얼마나 쓰러졌는지 모른다. 아주 심해지면 온전히 마비상태에서 지낼 형편에서도 기적적으로 때론 심하다가 가볍게 만들어 주시는 등 조절해 주시어 경환자처럼 감당하면서 선교활동은 계속되고 있었다.

이제는 근래 2021년 3월 이후의 증상을 설명함으로서 고난의 행진에 대한 이야기를 매듭지으려고 한다.

금년 2월 28일(주) 새벽, 호흡장애로 구급차를 호출, 가까운 St. Francis 응급실에 급히 입원이 되었다. 그러나 그 후 전화위복이 되어서 이뇨제 투여, 심장, 폐, 간장, 신장 등 모든 연관기관에 가득 찬 물을 전부 방뇨케 한 듯하다. 3일 후인 3월 3일에 증상을 회복하고 퇴원했다. 그 후 3, 4, 5, 6, 7월 5개월 동안 멀쩡했으니 얼마나 감사하랴, St.Francis 동네 병원이 좋다는 생각을 하게 되었다. 그 후 또한 우리 발로 걸어서 8월 1일(주일)~8월 4일(수) 들어가 3일 만에 심장 등에서 물을 빼고 다시 퇴원하게 되었다.

9월 1일 새벽은 참으로 극적인 날이요, 하나님께서 봐주시지 않았으면 큰 낭패를 맛보며, 하나님의 은혜와 자녀들의 효심과 우애를 경험하지 못할 뻔했던 날이다. 새벽에 가슴이 답답하여 김영철 선교사와 함께 예배를 간단히 드리고 지난번처럼 병원에 자원하여 입원하려던 참이었다. 그 날은 뉴욕에서 원근이와 함께 셋째 딸이 비행 중에 있었는데도 난 죽고만 싶었다. 병원에 입원은 될 것이고 임종을 맞았으면 하는 가상 7언에 심취하며 지내고 있었기에 그런지도 모른다.

그러나 입원수속 직전에 함께 마지막으로 기도하려는 마음을 주어서 주차 후 기도했는데 가슴 답답함이 사라진 상태였다. 아내가 질문을 한다. "호흡이 괜찮은데 왜 입원해야 됩니까?" 새로운 생각이 떠올랐다. 자녀들도 만나고 죽어도 형님처럼 집에서 죽자. "그래 돌아가자." 주님께서 새로 허락하신 응답이었다. 운전대를 집으로 돌리자 그 후 그날 이후에 있을 모든 스케줄은 작은딸 혜경이의 주도로 이뤄지게 되었다. 첫째 큰딸 은경이가 부모님을 비롯한 모든 형제에게 푸짐한 저녁상을 차리는 날 밤이었다.

며칠 후 9월 4일 피가 부족하니 보충하는 주사를 UWMC에서 맞고 돌아올 수 있다기에 찾아갔다가 입원치료를 받게 되니 5박 6일간 심장병 중심으로 치료했다. 그러나 불행한 것은 그 바람에 신장의 기능이 11%에서 9%로 약화 됐다니 희비애락을 동시에 경험하고 난 후에 9월 9일에 퇴원했다.

그런 후 오늘이 퇴원 후 17일째 2021년 9월 25일이다. 신장을 위한 투석은 반대한 지 1년이 훨씬 넘는다. 그리고 지난 3월 이후 주님의 가상 7언에 심취되어 있다. 죽음에 대한 두려움 대신 영광의 나라에 가기 위한 준비 작업이다. 제일 마지막 누가복음 23:46에 '주 예수님! 내 영혼을 부탁하나이다. 기도하시고 운명하셨다.' 그것이 날마다 나의 기도의 마지막 부분이다. 그 시간 이후에 심장마비로 천군천사 호위를 받으며 올라가도 좋겠다는 생각에서다. 아멘!

솔직히 말해서 지난 3월 이후 7월까지 5개월간보다 지금이 더 평안하지가 않다. 그만큼 병세가 깊어진 것은 아닌가 생각된다. 날마다 그 전보다 여러 가지 혜택은 크나 자연스럽고 평안하지는 않다는 게 솔직한 고백이다. 그러므로 하루하루가 너무나 소중하다. 김영철 선교사가 와 있어서 위로도 되고 도움도 된다. 그는 평안하게 지내며 하나님의 사랑 중에 회복되기를 바랐는데 오히려 나의 위로가 되고 있어 미안스럽기도 하다. 제대로 먹지도 못하니까? 오죽하면 염소탕 한 그릇에 눈물이 나는 감격의 기도를 했겠는가!

하루하루 소중하게 살자! 하루를 10일 같이 살아가자! 가슴이 답답하면 심장에 물이 찬 증거요 이제 마지막으로 5알의 이뇨특효약을 먹는 특수한 방법이 최후의 기회이다. 지금 그 일을 며칠째 되풀이하는 중이다. 거기엔 물론 한계가 있기 마련이니 그것은 주님의 결정사항이다. 그래서 결코 투석은 하지 않기로, 그리고 더 이상의 의학적 응급조치를 하지 않기로 사인한 파란색 용지가 냉장고에 붙어 있다.

그 귀하고 복된 날짜는 주님의 결정사항이다. 오늘은 10월 13일이다. 신장 전문의 민닥터도 만나서 함께 의논했다. 이제 주님께서 허락하시면 그를 2달 후에 만날 수도 있을 것이다.

"주님 사랑합니다. 최선과 최상의 생명과 건강의 기회주심을 감사합니다. 할렐루야! 아멘!"

시애틀중앙침례교회

6. 벧엘교회와 시애틀중앙침례교회
개척과 선교

◇

◆

　미국 이민 후 한국에서는 불가능한 하나님의 교회 세우는 일에 두 번이나 쓰임을 받은 것을 큰 영광으로 여긴다. 목회자로서는 당연한 일이나 나는 두 번 다 평신도였기 때문이다. 한번은 침례교회 안수집사였고, 그다음은 한국에서 안수받은 평신도 선교사였던 시절이었다. 그중 하나는 워싱턴 주, 페더럴웨이에 '벧엘침례교회'를 1985년 개척한 일이다. 둘째는 워싱턴 주 '시애틀중앙침례교회'를 1987년 개척한 것이다.

　벧엘침례교회를 세우는데 간접적으로 역사하신 분은 故 조기선 목사님이다. 그는 타코마제일침례교회 창립자로서 몇 년이 지난 후 교인이 약 120명 규모로 교회가 부흥하여 타코마에서 1, 2등 규모였음에도 불구하고 로스앤젤레스로 갑자기 떠나가겠다는 것이다. 소문에 의하면 그 교회는 규모도 크고 성도들도 의사가 많았다고 한다. 성도들은 목사님이 못 가시도록 읍소하다시피 했지만 요지부동이다. 목사는 냉정하고 변명의 명수임을 그 당시 깨닫게 되었다.

나는 그 교회 안수집사였으므로 그 교회를 맡아 목회를 하면서 2대 목사로 문창선 목사를 초빙해 왔다. 몇년 후 조 목사의 권면으로 페더럴 웨이침례교회를 개척하기에 이르렀고 그분은 부임하는 대신 결국 타코마삼일교회를 개척했다. 나중엔 김영록 목사를 초청, 목회자로 섬겼는데, 여러 가지 문제가 많았다. 그 후에 골든게이트를 졸업한 문명길 목사가 담임으로 섬기면서 교회에 튼튼한 기반이 세워져 오늘날까지 잘 운영되고 있다.

그러나 문명길 목사 이후부터 창립자와 기념일을 잊어버린 채 35년이 지난 오늘에 이르고 있음에도 나는 감사한다. 하나님의 교회를 세우는 일에 앞장선 것을 큰 영광과 보람으로 여기기 때문이다.

두 번째로 개척한 교회 시애틀중앙침례교회는 참으로 복 받은 교회이다. 나는 평신도 선교사로서 이 교회를 1987년 5월에 개척했지만, 처음부터 선교를 잘 모르던 시절이었지만 선교하는 교회로 시작한 것은 정말 하나님의 크신 경륜에 의한 것이었음을 잊을 수가 없다.

가족 8명으로 시작했지만 첫해부터 선교사 15명을 후원하면서 5년 만에 50명의 선교사를 섬기고, 8년 만에 100명의 선교사를 섬기는 등 미국에 있는 약 2,000개 한인교회 중에서 최고로 많은 선교사를 후원하는 꿈같은 교회로 성장케 해 주셨다.

평신도 선교사로 안수받고, 미국 시애틀로 파송 받은 것은 주께로부터 계획되고 시작되고 진행되었던 사건으로 생각함에 주저함이 없다.

2002년에 담임선교사인 내가 이 교회에서 70세에 목회 은퇴를 하게 되었다. 은퇴 후 나는 '선한목자선교회'를 개척하고 제2의 선교사역자로 변신하고, 교회는 영어권 교회로 전환되어(Pastor, James Hwang) 오늘에 이르고 있다.

선교회는 그 후 크게 성장 발전하여 전후방 선교사 3,300명 이상을 '일대일 동역선교'로, 곧 새로운 선교후원 패러다임으로 큰일을 행하시는 하나님의 선교에 필요 불가결한 역할을 잘 감당하는 중이다.

어머니 황부희 사모를 황선규 목사에게 소개한 이은희 찬양사역자
가 시애틀에서 찬양 CD를 소개하고 있다.

7. 새로운 인생 19년의 회상

◇

◆

　내 인생의 이정표 중에 2002년은 매우 의미가 깊다. 15년간의 목회 은퇴를 앞두고 폐암말기란 병명을 달고 은퇴한 해요, 새롭게 후방선교사로 부름받은 해이기도 하다.

　첫 번째 선교여행지로 구소련 몰도바(Moldova)를 어린 손자 서은식과 함께 다녀와서 이를 확인하기 위해 미 대륙횡단을 하였다. 약 한달 만에 뉴욕에 사는 셋째 딸 혜경이 집에 들러서 그 영특한 딸로부터 선교사로 부름 받았다는 확정을 받기도 했다. 그리고 첫 선교지로 '한국지리산선교동지회'를 방문, 12교회로부터 선교후원 신청을 받고 복음의 낙후지역에서 전도활동을 벌였다. 2002년 그해 가을에 농촌 지역 12교회를 3일간씩 20만 원씩의 점심값을 가지고 몇 달간에 걸쳐 고국에서의 선교사역을 시작하고 마감하게 하셨다.

　그리고 부산의 이종사촌 동생인 정희영을 만나러 갔다. 그는 부산 해운대에 건물 하나를 짓고 아래층은 마켓으로 세를 주고, 2, 3층은 남녀 목욕탕을 운영하고 4층은 주거지였다. 바쁜 사람들이라서 홀로 해운대

모래사장을 거닐고 근처의 '바다풍경 다방'에서 앉아 있는데, 그동안 느끼지 못했던 고독한 감정을 느꼈다. 아무도 아는 사람이 없고 말동무 해 주는 사람도 없는 처지여서 아내를 먼저 천국에 보내고 5년간 투병하며 지냈던 세월에 만감이 교차했다.

그 이튿날 부산을 떠나 서울로 올라가게 하셨다. 서울에 가자마자 그동안 나의 폐암을 붙들어 주시던 주님께서 긍휼히 여기사 고독한 나의 삶을 위로할 중매자로 준비하신 조카 황수영과 그의 친구 이은희를 만났다. 그들의 선한 역할로 이은희의 홀어머니 김부희 권사를 만나 교제하게 하였으니 얼마나 감사하랴!

그날이 바로 2002년 12월 8일이다. 지금 알고 보니 이날은 그녀의 호적상 생일이다. 그날부터 우리 대화의 공통점은 세계선교에 관한 것이었다. 나는 이미 생명과 건강이 있는 동안, 일선 선교사를 돕고자 하는 선교후원자의 마음으로 가득한 자요, 그녀 역시 선교에 지대한 관심이 있었으므로 이미 나를 선교사로 취급해 주고 있었다.

그러나 실상, 나는 목회 은퇴자로서 폐암말기 투병을 하는 연약한 자이며, 남은 세월이 불확실한 중에 전방 선교사를 돕고자 하는 후방 선교사 지망생일 뿐이었다.

그러나 신기하게도 김부희 권사는 나의 폐암말기라는 병력과 상태에 대하여 이미 주님께서 고쳐 주셨다고 믿어졌다는 것이다. 오히려 그동안 자연식품 판매를 통한 암 환자 치료 경험을 토대로 나를 돕고자 하는 선한 마음을 주셨다는 것이다. 우리의 관계는 급속도로 진전되었다. 그달 12월 중에 둘이서 혼약하고 교제하는 중, 교회와 친지들과 시집 식구들에게 알리는 등 앞으로 선교사역을 위한 새로운 인생길을 가리라 결단하고 주님만 바라보고 나아갔다.

그 이듬해 2003년 1월 경남 산청군 인불교회의 원순희 목사의 초청으로 해를 넘기게 하셨다. 인불교회는 1월 한 달간 노인학교를 하는데, 끝나는 마지막 한 시간에 꼭 '복음전도' 시간을 갖는다는 것이다. 노인학교를 하는 이유도 바로 어르신들에게 복음을 전하는 것이 핵심이란다. 그런데 그 중요한 순간의 복음사역을 위해 나를 특별강사로 초청했다.

이와 같이 해를 넘기면서 사용해 주심으로 한국의 추운 겨울을 넘기면서 우리의 교제는 무르익어 갔다. 그러면서 아프리카 단기선교 등 사역들을 다 마치고 미국에 가는 길에 2003년 4월 초에 하와이를 경유하는 선교 일정을 잡아 놓은 터였다.

그러나 만나려던 김일경 목사는 다른 나라 선교여행 중이어서 유근만 목사의 소개로 그의 친구 목사를 알게 되었고, 그의 친절한 안내로 하와이 호놀룰루에서의 관광은 너무나 즐겁고 아름다운 여정이었다. 특별히 큰아들 정호가 예약해 둔 호텔의 넓은 윈도우와 무지개는 환상적이었다. 그리고 약혼녀 김부희 권사와 꿈같은 곳에서의 환상적인 데이트는 처제 대희씨와의 통화에서 그가 오히려 감격하여 눈물 흘리는 헤프닝도 있었다.

그다음의 기착지는 LA에 사는 둘째 처제 김인관 권사의 집이었다. 그녀는 처음 보는 예비 형부 앞에 얼떨떨하였으나 그의 소개로 함께 동행한 박 집사의 친절과 동물원에서의 수많은 공작새들이 나래를 펴고 환영해 주던 행사는 예사롭지 않은 잊지 못할 순간이었다.

며칠 동안 형제간의 즐거운 만남이 지나고, 우리는 마지막 기착지인 시애틀 집으로 떠날 적에 그 처제가 언니에게 거금 2,000불을 선물로 주었다. 그것이 김부희 권사의 전 재산은 아니었는지 궁금하다.

시애틀에 도착하던 4월 중순의 날씨는 너무나 맑았고 시애틀공항의 랜딩 직전의 광경은 너무나 아름다웠다. 마치 전체가 공원 같고 푸른 바다와 같은 모습은 한 폭의 그림 같다고 말해야 옳다. 이런 광경은 다른 도시에서는, 특히 한국 사람으로서는 보기 힘든 것이어서 예비 신부 김부희 권사는 그때의 감격을 지금도 새록새록 기억하며 가끔 지난날을 회상한다.

그 후, 아름다운 로도덴드론(Rhododendron)이란 5월의 유명한 꽃이 만개하던 계절, 5월 10일에 황기택 친구 목사의 주례로 형님이 경영하던 포트오차드(Fort Orchard) 바닷가 식당 홀에서 역사적인 제2의 인생이 시작되었다. 그때 나의 자녀들은 물론, 아내가 사랑하던 김인관 처제와 김원식 남동생의 아내와 큰아들 이병훈 내외가 참석해 축복해 주었다.

그리고 우리 집은 화재로 수리 중이어서 둘째 딸네 집, 아래층에서 신혼생활을 몇 달간 하였고 그 후 큰아들 정호네와 함께 살았는데, 그가 선한 제언으로 아버지의 집을 돌려주겠다기에 완강히 거절하였다.

그 대신 우리는 조그마한 새집을 구매하여 제2의 신혼생활을 하게 되었다. 그곳이 바로 18년 동안 GSM 세계선교의 산실 역할을 한 현재의 집이다. 이 집을 그 당시 17만 2,000불로 다운페이 없이 구매했다. 그러나 많은 세월이 흐르는 동안 집값이 뛰어서 이제는 37만불에 매매가 되는 현실이다. 그런데 감사하게도 이제는 이 집의 소유권이 우리에게 있지 않다는 점이다. 이것은 GSM의 첫째 재산목록에 등재된 하나님의 것이 되었다. 할렐루야!

이에 대한 아름다운 사연이 있다. 이 집은 우리의 개인 소유였지만 용도는 선교관이었다. 위치와 구조가 너무나 빈틈없이 좋아서 선교관으로는 안성맞춤이다. 페더럴웨이 시의 중앙 지대이면서 울창한 나무에 둘러진 아름다운 주거지다. 방 2칸에 화장실이 3개이며, 응접실도 쾌적하고 사무실도 편리하고 부엌과 차고가 붙어 있어 편리하다. 이뿐만 아니라 정원의 아름다움과 평온함은 정말로 만족할만하다. 이 공간에서 선교대회를 치를 때면 손님 여러 명을 평안히 모실 수도 있다. 그리고 우리 간사들이 한 주간에 한 번씩 함께 모여 예배드리고 사무를 보는 공간으로 쓰인다.

그것이 하나의 전통이 되어 별도로 사무실을 갖지 않는 GSM선교회의 사무실과 선교관이 되고 서울과 다른 도시에서도 이를 본받아 가정집을 선교관으로 쓰게 되었다. 그러므로 1:1 동역선교를 하기에는 '저비용', '고편의'의 전통이 되었다. 그러니 얼마나 복되고 아름다운 전통인가!

이와 같이 1:1 동역선교를 하는 중에 처음 10년간은 매년 30명씩, 그다음 10년간은 70명씩 선교사 후원을 목표로 했지만, 그 열매는 기상천외로 가속화되어서 19년 만에 전방 선교사 1,500명, 후방 선교사 1,500명 도합 3,000명 (매월 100불X3,000명=구좌)을 후원하는 매우 효율적인 선교후원 패러다임의 결과로 나타났다.

우리 내외가 무엇을 성취하였다고 말할 수가 없다. 폐암 말기에서 기적적인 치료받음과 선교후원의 사역에 있어 풍성한 열매들을 허락하시도록 지혜와 지식과 믿음의 순종 등 모든 것은 오직 쓰임 받음에 순종할 수 있었던 은혜로만 해석될 수 있었기 때문이다.

우리 헌신의 말년인 2020년에는 뜻하지 않은 코로나바이러스 팬데믹이란 악한 환경 탓으로 뭉치고 뛸 수 없는 상황이 펼쳐진 암울한 시대였다. 누구를 만나야만, 모이는 선교대회를 통해야만 후원자를 얻을 수 있는 것인데 어찌하랴! 그러나 주님께서는 '비상작전명령'을 발하시어 우리 간사들과 순회선교사를 총동원, 각개전투를 통해 승리할 수 있는 기회를 허락하셨다.

그리고 2020년 12월 13일 영예로운 은퇴식을 하고 4년 동안 사무총장으로 충성한 김경식 목사를 제2대 선한목자선교회(GSM) 국제대표로 세워주심은 하나님의 크신 은혜이었다.

우리의 19년이란 새로운 인생의 길에서 일단은 대표직에서 은퇴를 했다지만, 명예이사장의 직분을 가지고 1:1 동역선교를 계속해서 새로운 선교후원의 패러다임으로 믿고 세계 모든 나라, 모든 교회에 퍼트리려는 헌신을 계속하기로 작정하고 나섰다. 그래서 유튜브 등 SNS를 통해 복된 사역을 계속하는 중에 있었다.

그중 한 가지 성취한 것은 일대일 동역선교를 계승하라는 명령으로 풀러신학교에서 선교박사학위를 취득했다는 사실이다. '일대일동역선교에 관한 연구 – GSM선교회를 중심으로'(4월, 2020년)를 마쳤다는 승리감이다. 앞으로 이 학문이 개인과 그룹과 교회와 선교단체에 접목되기를 소원한다.

이런 때에 건강이 점점 악화되고 있음을 발견하게 되었고, 신장의 기능저하 15%로 인한 호흡곤란으로 응급실을 다녀오고, 시한부 인생을 사는 중에 하루하루, 한주 한주, 한달 한달의 생명의 연장을 바라보는 중, 새로운 헌신에 대한 하나님의 명령이 선포되었음을 깨닫게 되었다.

그것은 '워싱턴국제선교대학교'(Washington International Mission University)를 새롭게 시작하도록 하라는 것이다. 이사장의 직분을 받아 협력할 수 있는 이사들과 교수진을 새롭게 임명하여 오는 2021년 9월부터 새 학교, 새 학기를 시작해 보라는 명령인 것이다.

초대 총장인 공홍기 박사가 이 학교 설립의 주인공이나 돕는 사람들의 부족함으로 진보하지 못했기에 총장이 나를 찾아와 간청하니 이 일은 하나님의 명령으로 해석되는 것이, 생명이 있는 한 순종할 수밖에 없는 사건이었음을 고백한다. 그래서 모든 협력자를 얻은 일이 일사천리로 진행됨을 통해서 내가 아닌 하나님이 친히 역사하심을 간증하지 아니할 수가 없다.

태국 치앙마이 현지 어린이들과 함께

8. '황영우 권사 선교회'와 '교회의 십자가'

◇

◆

　1976년 한국의 黃氏 문중에서 미국 이민을 온 몇십 명의 이민자 가운데 최고 어른은 황영우 권사님 곧 우리 7남매의 어머니이시다. 그는 타코마 나의 새집으로 오셨으며, 이 아들, 저 아들 집에 나들이하시면서 텍사스에 살고 있던 사랑하는 외동딸 황청자를 지극히 사랑하셨다.

　내가 미국 이민 후 교회의 사랑을 받으며 사는 중에, 믿음도 자라고 주님의 특별하신 목회의 길로 부르심을 받았을 때, 두 개의 교회를 개척하였다. 하나는 페더럴웨이에 위치한 '벧엘침례교회'이고, 다른 하나는 시애틀에 위치한 '시애틀중앙침례교회'이다. 전자는 평신도 집사였을 때 세운 교회며, 후자는 평신도 선교사로 임명받은 후 창립한 교회라는 특색이 있다.

　이런 때마다 어머니는 우리 교인이었고 목회에 튼튼한 후원자가 되셨다. 나를 주님 앞으로 인도해 주신 전도자였으며, 다른 형제들도 그 후 크리스천들이 다들 되었다. 달리 말하면, 자녀들 전부를 전도하심으로 축복의 통로가 되셨던 것이다. 특히 목회자를 위하고 저들을 협력하는 것을 좋아하셨지만, 자녀들이 목회자들을 흥보는 이야기는 결코 용납을 못하시고 듣기 싫어하셨음을 우리 형제는 모두가 기억한다. 이는 후에 교회를 섬기는 목사, 장로, 권사들이 되었을 때, 다른 이들의 모범이 되었을 것으로 믿는다.

어머니는 어린 시절 충남 강경읍에 사시는 큰 오빠 이중우(李重雨)씨 집에서 어머니 없이 자라셨단다. 그러면서 조카들을 업어 키우시며 설움이 많았다고 들었다. 그 조카를 등에 업고 선교사가 세운 '강경영명학교'의 담 너머로 찬송가를 배우셨단다. '예수 사랑하심을' 그 찬송을 시애틀중앙침례교회에서 아들이 목회를 할 적에 한번은 수요일에 특송을 부르셨는데 그 찬송을 들을 때마다 옛정이 새록하니 새로운 추억이 아닐 수 없다.

어머니는 정말로 신앙심이 좋으셨던 분이다. 시골 전북 익산군 망성면 내촌리 동촌에 세워진 '동촌교회'(지금은 내촌교회) 재정집사로서 교역자의 생활비와 교회당 수리 등 어려웠던 시절에 헌신하신 집사였다. 그래서 해방 후 제일 먼저 민선 망성 면장을 지내신 남편 황희일 씨를 전도해서 함께 교회를 섬겼다.

그 후 서울에 오셔서 함께 사실 때는 미아리 인수동에 위치한 성북성결교회(장재혁 목사)를 섬기게 되므로 내가 원주 원호지청장 당시 그 교회를 처음으로 출석하게 되었다. 그 후 담임이셨던 장재혁 목사는 부흥강사로서 유명했고, 미국 이민 후엔 선교에 올인하여 결국엔 중국선교사로 파송되어 심양, 연길 등지에서 헌신하신 나의 선교 동역자가 되었다. 그 다음에 어머니는 봉천성결교회(이강호 목사)를 섬길 때도 함께 그 교회를 다니면서 큰 은혜 중에 내가 서리집사로 임직되었던 감격은 지금도 새롭다.

그 후 그 교회에서 평신도 선교사로 미국에 파송 받는 영광을 누리게도 되었다. 우리 어머니는 앞서 말한 대로 미국에서 시애틀중앙침례교회를 섬기다가 당뇨로 오랫동안 고생을 하셨고, 내 아내 황정자 사모는 30년 동안 정성스레 모시는 복된 며느리요, 딸 같은 역할을 잘 감당함으로써 나는 지금도 그 두 사람을 생각하면 하나님의 은혜가 너무나 감사하다. 1990년 집안에서 미끄러져 넘어지면서 골반이 깨져 수술을 받았으나 다른 후유증이 발생되어 아쉽게도 83세를 일기로 영광의 나라에 가셨다.

그 당시 약 1만 5,000 달러의 부의금으로 '황영우 권사 선교회'를 조직하였으나 수입은 없고 선교비로 쓰기만 하다가 큰일 하나 하자는 뜻으로 우리가 섬기던 '시애틀중앙침례교회'를 개척 후 5년 만에 교회당 건물을 구입하게 되었다. 이를 잘 수리해서 개관할 적에 교회의 옥상 중앙에다가 네온사인 십자가를 세우게 되었는데, 선교회의 남은 돈 4,000불을 사용하였다.

그 십자가의 모양과 의미에는 해석이 필요하다. 교회당의 위치가 보잉사(Boeing Co.) 비행기 활주로와 일직선 상에 있었기 때문에 착륙 시 반드시 정면으로 그 십자가를 볼 수밖에 없는 위치였다. 그러므로 나는 혼자서 생각했다. 조종사들마다 정말로 복 받은 사람들이다. 십자가를 보며 착륙할 때마다 누구나 이 주 예수의 십자가를 생각하리라!

또한 신기하게도 그 십자가의 네온사인이 10년 동안 그 교회당 건물이 사명을 다하고 매각될 때까지 한 번도 고장 난 적이 없다. 한 가지 신비스러운 것은 밤낮으로 조명하고 있었기에 교회에 들어갈 때마다 그 십자가를 보면서 어머니 황영우 권사 선교회장에게 감사했다. 황영우 선교회 마지막 헌금으로 세워진 십자가가 얼마나 가치가 있는가!

비록 네온사인이지만 시애틀에서는 보기 드문 명물로서 실제 우리를 대속하시기 위해 십자가를 지신 예수 그리스도의 은혜를 명상하게 하는 그 기능이어서 얼마나 행복했는지 모른다. 그 살아계신 주님의 돌보심으로 크고 빨간 십자가는 한 번의 고장도 없이 밤낮으로 10년 동안 시애틀 조지타운(George Town)의 명물로 빛나면서 성도와 목회와 주민을 보살펴 주셨던 것이다.

2018년 태국 치앙마이 선교지 방문

열방 기도회에서 황선규 목사와 참가자들이 찬양하고 있다.

9. 불효자는 웁니다

옛날 옛적, 젊은 날에 듣던 유행가 가사 생각이 나는 대목이다. 나는 소위 어머니로부터 효자라는 불림을 받았으나 실제 불효자였다는 생각이 90세가 된 생전에 떠올라 자녀들에게 유언처럼 그 사실들을 공개하려는 마음을 주셨다. 이것이 바로 회개의 열매가 되었으면 좋겠다. 하나님과 자녀들과 먼저 영광의 나라에 가신 부모님을 위하여.

먼저 아버지 황희일(黃熙壹) 집사님에 대하여 쓰자. 그는 자수성가를 한 근면하고 온유한 부모에게 태어난 외아들로 행복한 어린 시절을 보내셨다. 그리고 그 당시 여산초등학교에 입학하고 수석으로 졸업하는 영광을 지닌 수재였다. 당시는 일제 강점기 시대였으므로 시골 초등학교 수석 졸업생에게는 경성(서울) 경기중학교에 무시험으로 입학하던 시절이었다. 그러나 그는 그 입학이 어렵게 되어 전라북도 익산군 망성면 서기로 취직이 되었으나 어린 나이였음에도 불구하고 마음에 만족이 없었다고 한다.

그러던 중 군산농업학교가 개교하게 되어 제1회 입학생이 되었다. 그리고 그 학교 2년제를 졸업하기까지 수석을 놓치지 않는 수재였단다. 그 당시 1년 후배인 정준모도 반장이어서 많이 사랑하던 사이였다고 들었다(후에, 대한민국 2대 보건사회부장관).

한국 속담에 울던 아기도 '순사'(지금의 경찰관)라고 하면 울음을 그친다는 말이 있다. 그만큼 순사란 일제 강점기 조선 사람들에게는 무서운 존재였다. 복장도 경찰관의 검은색 정복에다가 권위의 상징으로 칼을 차고 다녔다. 우리 아버지는 학교 졸업 후 이와 같은 무서운 순사가 되어서 집에 돌아오셨단다.

세상의 눈으론 큰 출세였으나 조선 사람들에겐 우리 독립투사를 체포해가는 직책이기도 하니 두렵고 기분 나쁜 존재였던 것이다. 그 당시 매우 온유하셨지만 애국심이 강했던 우리 할아버지 황봉모(黃捧模)씨는 그 외아들의 출세한(?) 복장을 보는 순간부터 식음을 전폐하시고 마음과 태도로 항의하셨다는 것이다.

그리고 다락방에 오르셔서 그동안 모아 놓으셨던 큰 저금통 하나를 가지고 나와 방바닥에 쏟아 부으시면서 '희일아' 아들의 이름을 부르시며, 돈이 필요하면 다 가져가거라 하시며 우셨다는 것이다. 돈을 많이 버는 직책인 순사가 되었기에 우회적으로 사랑으로 책망하신 것이었다. 이 일 후에, 효심이 지극하셨던 아버지 황희일 씨는 즉시 순사직을 사임하고 전주 전매청 관리로 근무하시다가, 후에 가장 적성에 맞는 초등학교 선생님이 되셔서 25년 동안 어린이 교육가로 직장을 마감하셨다.

직장을 마감할 때의 에피소드를 소개하고자 한다. 그 당시 아버지는 할아버지께서 200마지기 큰 농사를 이루셨고 사랑받는 외아들이었기에 자신감이 있는 시절이었다는 것이다. 생활비를 월급에 의존하지 않게 되었으니 말이다. 그 당시 교무실에 어린 누이동생 희정이가 울면서 오빠 황희일 선생님에게 찾아 왔더란다. 왜 우니? 물어보니 마루바닥 복도를 뛰어오다가 일본인 교장 선생님에게 혼났다는 것이다. 당연한 책벌이다. 그럼에도 불구하고, 참아야 할 일을 성격이 좀 급하셨던 우리 아버지가 교장에게 항의하고 난 후 사표를 던지고 나와서 농사일에 전념하셨다는 것이다.

그 후 재산 증식에 힘써 농토를 300마지기로 50%의 재산을 늘렸으니 그 실적이 대단하다. 그 동안 배운 지식도 활용하며, 본래 가세를 키우려는 열정에다 정직하고 부지런하고 성실한 성품의 아버지에게 지금도 감사를 하고 싶다. 특히 부모님에게 효심이 지극하여 시골마다 있는 유교단체인 향교에서 효자비를 세우려는 공론도 있었던 분이다.

또 형제 우애심이 지극하여 나이 차이가 많은 여동생 하나뿐인 아버지는 그 동생 출가 후에도 조카들은 물론, 집안 4촌, 6촌 등을 얼마나 잘 챙기든지 지금도 그 사촌 등 집안 일가친척을 챙기는 사랑에 남다름을 나타내셨다.

교직생활 사임에 관한 이야기는 지금 나의 신앙에 비추어 보면 "참았어야 하는데"라고 생각되지만, 아마도 그 당시 아버지의 민족감정, 어린 동생 사랑 등 피치 못할 사정이 있었을 것이라는 짐작이다.

1945년 8월 15일, 조선민족의 해방! 태극기를 흔들면서 대한사람 만

세!를 힘차게 부르던 꿈같은 36년 만의 일본 강점기 통치로부터의 조국 해방을 감격적으로 맞이한 것이다. 물론, 우리 조상들이 상해에 소재한 대한민국 임시 정부(주석: 김구 선생)를 중심으로 또한 미국의 이승만, 서재필 박사 등 독립 운동가를 통한 열매라고는 하지만, 솔직히 말하면, 근본적으로는 하나님께서 미국, 영국 등 제2차 세계대전의 승전국들을 통해서 해방의 선물을 주셨다고 보는 것이 영적으로 바른 해석이라 할 수 있다.

해방 후 독립국가로 세워지기 전에, 정치정세는 매우 혼란스러웠다. 그 이유는 미국과 소련에 있었다. 저들은 제2차 대전을 속히 끝내려는 욕구로 소련을 참전케 했으며 얄타(Yalta) 회담을 통해 북방에서 참전한 소련에게 종전 후 한반도의 38도선을 중심하여 남북으로 미, 소 간에 점령군을 파송키로 했다. 바로 공산주의 국가인 소련과 자유민주주의 국가인 미국과의 점령지역의 분단으로 인하여 힘없는 우리나라는 양대 세력에 의해 두 동강이가 되었다. 이것이 바로 우리가 자신의 힘으로 조국해방을 가져오지 못한 약함의 비극이었다.

그러므로 나라가 세워지기 전에, 소위 좌익 소련 공산당 지배 지역, 38선 북쪽 북한과 미국 민주주의 지배를 받는 38선 남쪽 남한이 서로 사상적으로 정치적으로 대결하는 혼돈의 시대를 맞게 되었다. 힘없는 한 민족은 남북으로 대치하여 해방의 기쁨보다 사상전과 주도권 쟁탈로 서로 반목하고 미워하는 시대가 전개된 것이다.

북한은 소련 점령군이 세운 공산주의자 김일성을 수반으로 임시정부가 들어서고 남한은 미국 독립파 이승만 박사를 중심으로 정권 투쟁

은퇴하는 황선규 선교사 부부와
신임 김경식 국제 대표 부부가 인사하고 있다.

을 하면서 남한에 민주정부를 세우려는 움직임에 덧붙여 임시정부 요원 김구 선생을 비롯한 분들은 소위 좌우합작을 통한 남북통일 국가를 지향하니 참으로 서로 죽고 사는 정치싸움이 기를 쓰게 된 난장판의 한 반도가 되었던 것이다.

이런 때, 아버지는 건국준비위원회를 거쳐 미국에서 귀국한 이승만 박사가 지도하는 대한독립촉성회 망성면 위원장을 거쳐 대한민국 정부 수립 후에 해방 후 처음으로 치른 선거에서 전북 익산군 망성면 초대 면장으로 당선되는 영예를 누렸다. 그리고 사상적으로는 민주주의 신봉자로서 공산주의와 대결하여 싸우면서 대한민국 건국에 공헌하셨다.

그러했기에 그 후 6.25 전쟁 당시에는 공산당 치하에 있던 대전에서 체포되어 대전교도소에 수감되기도 하셨다. 그 후, 정치범 죄수 모두를 교도소 우물에 던져 집단 살해하는 끔찍한 사건이 생겼다. 그러나 아버지는 그 며칠 전 구사일생으로 잠시 휴가 중에 피신하여 생명을 보존하는 기적을 하나님이 베풀어 주셨다. 참으로 신기하고 놀라운 사건이었다.

우리는 대전시 성남동에서 정미소를 하고 있었는데 어머니는 나눠 주기 좋아하는 인심이 후덕한 분이어서 동네 분들에게 인기가 높았다. 그 동네에 공산당 열성분자로 세도가 있었던 '이설봉'이라는 분이 있었다. 그분에게 우리 어머니가 간청하므로 잠시 휴가를 내주었던 사이, 바로 그날 우리는 딴마음을 먹고 있었다. 당장에 도망하기로 결단한 것이다.

마침 미군의 인천 상륙작전 성공 후, 대구 쪽에서 미군이 북상하던 시기였다. 나는 과수원 진잠의 친구 집으로, 형은 다른 방향으로, 어머니와 동생들은 집을 지키고, 아버지는 그 전날 밤 신기하게도 꿈에서 보여준 어느 집, 곧 세천 지역의 공아무개의 집으로 각각 도망을 쳤다.

꿈에서 동네 이름과 그분의 정확한 이름까지를 보여주신 하나님의 기적의 꿈 이야기이다. 그 후 얼마 지나지 않아 미군이 대전을 다시 탈환하게 되었으므로 우리 가족들은 모두 무사히 다시 만날 수가 있었다. 그 후 형과 나, 우리 형제는 군에 입대하여 6.25 전쟁을 치렀으며, 우리 아버지는 10년 이상 더 사시면서 70수를 하시기까지 내가 서울에서 모실 수가 있었다.

여기에서 나는 아버지에게 효도하지 못한 죄를 고백하지 않을 수 없다. 우리 부모는 대전에서 정미소 2곳을 하면서 그런대로 지내셨지만, 나이도 드시면서 형님은 대전에서 교편생활을 하셨고, 나는 군대 퇴직 후 공직생활로 제법 품위 유지를 할 정도의 생활형편이었다. 서울시 성북구 인수동에서 100평 땅에 잘 지은 자택에서 살고 있었다. 그래서 월남에 가서 기술자로 일하던 막내인 충규 동생에게 주택 하나를 구입케 해서 부모님을 한 동네에서 모시기로 했던 것이다. 부모님은 서울에서의 생활을 즐거워하셨다. 복덕방을 하시며 소일하셨다.

그러던 어느 날 위암이라는 진단을 받게 되니 고통이 시작되었다. 그 당시는 위암이면 곧 죽음을 의미한다고 생각하는 시절이었다. 그러나 그 당시에도 얼마든지 그만한 질병은 서울대병원에서 수술이 가능하고 회복할 수 있는 가능성이 얼마든지 있다고 보아야 한다. 그런데 나는 바로 포기했다. 얼마나 불효인가! 지금 생각해 보니 신앙적으로도 인간적으로도 용납할 수 없는 불효막급한 일이다.

서울대학교 의과대학도 가까운 거리에 있었다. 얼마든지 형편을 알아보도록 병원에 모시고 갔어야 했다. 치료비도 얼마든지 꾸어서 조달할 형편이었다고 볼 수 있었다. 문제는 아버지의 생명에 대하여 가볍게 여긴 것이다. 나는 지금 몇십 년을 투병하면서 미국 최고의 병원에서 화학물리치료(Chemotherapy)를 받으면 3개월 살 수 있다는 폐암말기 진단에서도 20년 이상을 살고 있다. 아버지 나이 69세를 아주 상노인으로 가볍게 취급했는데 나는 지금 90이 되어서도, 이제는 신장 기능이 9%밖에 활용하지 못하는 한계 상황에 있으면서도, 지금도 투병에 열심이다.

자녀들도 열심히 나를 돌보며 생명과 건강의 연장을 위해 얼마나 노력하는지 고맙기 그지없다. 그러니 지금 아버지 문제를 생각하니 내자신이 그렇게 미울 수가 없다. 이런 불효자식이 어디에 있는가!

"불효자는 지금도 울고 있습니다. 얼마 후면 천국에서 뵙게 될 아버지, 서로가 영적인 존재라지만 얼마나 민망스럽고 죄송스럽고 분통한지 울고 싶고, 울고 있습니다. 아버지 너무너무 죄송합니다. 다시 고쳐 못할 일이었는데요."

이어서 어머니에게 행한 좋은 일과 악한 일들을 말하려고 한다. 나는 미국에 이민 와서 자리를 잡은 후 홀어머니를 3년 후에 미국에 모셔왔다. 타코마에 방 4칸짜리 집을 사서 방 한 칸을 별도로 장롱과 가구 등 좋은 것으로 어머니 방을 꾸며 드렸다.

어머니가 잠시 기도하신 후 감격하셔서 우시던 모습은 지금도 눈에 선하다. 어머니가 환갑 직전에 홀로 되셨을 적에 우리 집에 모시고 살면서 회갑잔치를 크게 풍성하게 해드렸던 것은 좋은 기억 중에 하나이

시애틀 세계선교대회에서 황선규 목사와 참가자들이 즐겁게 찬양하고 있다.

기도 하다. 그 당시에 시골 잔치에 삼현육각(三絃六角), 곧 소규모 국악단을 동원하는 회갑잔치를 호화판으로 여긴다. 나는 우리 어머니 회갑잔치에 그 생각이 나서 육군본부 국악단을 동원했다. 지금은 안 되지만 그 당시만 해도 조심스럽게 아르바이트로 활동하던 시절이었다.

나는 어머니가 홀로 되신 후, 30년간을 우리 집에서 모셨다. 그것만으로도 효자 소리를 듣는 일이지만, 고생은 아내인 오정자의 몫이었다. 내가 한 가지 잘한 일은 어머니의 옛날 시골, 농촌 이야기 등 거듭거듭 말씀하시는 것을, 다들 잘 아는 이야기, 시골 동네 사람들의 싱겁고 단조로운 이야기들을 꾹 참고 잘 들어드렸다는 것이다.

이것은 다른 자식들과는 결정적으로 차이가 나는 대목이다. 동생들은 "어머니, 한 번만 더 들으면 100번인데"라며 도망쳐 버렸다. 그러나 나는 마음이 약해서 피하지를 못했는데, 그 점이 효자와 불효자의 기준이 될 줄이야 어찌 알겠는가?!

어머니는 이야기 잘 들어준 것 때문에 나를 효자로 쳐주신 것 같다. 효, 불효의 차이는 이처럼 단순하다. 조금만 참고 듣는 순종을 보이면 되는 것을. 이처럼 어머니의 은혜를 입었음에도 불구하고, 결정적으로 불효했던 몇 가지는 잊혀지지 않는다.

그중에 한 가지는 시애틀중앙침례교회를 개척하던 시절의 이야기이다. 수요예배의 밤에 교회당에 들어가면서 조금 늦은 것 같아 잡았던 어머니의 손을 앞으로 당기는 순간, '아차' 늙은 어머니는 힘없이 앞으로 넘어졌다. 즉시 일으켜 세워드렸지만 어머니의 마음은 몹시 상하셨다. 얼마나 못된 일이며 불효인가!

또 한번은 바다가 보이는 좋은 집에서 살고 있을 때였는데, 무슨 대화 가운데 어머니의 마음을 상하게 하였다. 그 대화 내용이 무엇이었는지 기억은 전혀 나지 않지만, 어머니의 마음을 몹시 아프고 슬프게 한 것이었음이 분명하다. 어머니는 화가 몹시 나서서 우리 집에서 떠나가려고 밖으로 나가셨다. 그 당시 사위가 우리 집에 함께 살고 있던 때라 즉시 불러 모셔 오도록 해서 문제를 수습은 했다. 그러나 어머니가 돌아오신 후에, 백배사죄했던 기억은 없다. 얼마나 교만하고 어머니를 무시한 불효의 태도였는가! 지금 생각해 봐도 참으로 못된 놈이다.

한번은 이런 불효의 일도 자행했다. 어머니는 함께 사시면서 사회연금(SSI)을 정부로부터 월 300불 받으실 수가 있었다. 그러나 내가 정직한 체 하느라 이 연금 신청을 안 해주니까 다른 이에게 부탁해서 받게 되었으며 이것으로 선교비를 내시는 형편이었다. 그것마저 사회보장 정부기관의 확인 과정에서 내가 대답을 잘 못해서 받은 돈을 반납하게 되고 더 이상 받지 못하게 되는 아픔을 당했다.

이와같이 어머니는 나로 말미암아 영육간의 고통을 당하게 되었다. 얼마나 못 되었는가! 그렇다면 내가 그것 없이도 아무런 고통이나 어려움이 없도록 돌봐 드렸어야 옳지 않은가! 그러면서도 전혀 생각조차 하지 못하고 있었으니 얼마나 뻔뻔스러우며 불효자인가?

지금 내가 손, 자녀들에게 엄청난 용돈과 선교비를 받는 것과 비교해 보면 기가 찰 노릇이다. 이다음에 자녀들이 이 글을 읽을 적에 어떤 생각이 들까! 한없이 부끄럽고 존경과 사랑을 잃어버릴 수 있지만 회개하는 뜻으로 쓰는 글이라 거짓을 말할 수가 없다. 미사여구를 동원할 수도 있겠지만 차라리 하나님 앞에 솔직하자!

효자가 효자를 낳고 불효자가 불효자를 낳는 것이 진리일진대 어찌하여 나에겐 이런 예외의 효도를 받게 하는가? 나는 이해할 수가 없다. 단 한 가지 짐작하기엔 하나님의 선교에 열심으로 쓰임 받고 있기에 그 보상의 샘플로 분에 넘치는 대우를 하시는 것은 아닐까? 생각해 볼 뿐이다.

어머니는 효자(?)인 내가 용돈을 드리지 않았는데도 자녀들이 공급하는 여러 가지 선물 중에도 새것은 다른 이들에게 나눠 주셨으며 옷 세 벌만으로 여생을 사셨다. 한 벌은 교회와 다른 자녀들 집에 나들이하실 때 입는 정장 옷과 집에서 입으시는 옷 한두 벌과 잠옷 그것이 전부였다. 새 옷 한 벌 사드리면 며칠 내로 없어진다. 그 이유는 어머니 생전에 주지 않으면 누가 입겠는가?라는 옛날 관습 때문이지만, 오늘날에는 죽은 사람 옷을 물려 입는 것도 대수롭지 않게 생각하는 것 같다.

지금 내 아내 부희 사모는 먼저 가신 형수의 것 등 상관없이 특히 싸구려 백화점의 것도 마다하지 않고 스타일만 맞으면 좋아하며 겸손하게 살아간다.

어머니는 83세에 명예권사의 신실한 기독인으로 사셨다. 그 어머니의 전도를 내가 제일 먼저 받아들인 은혜를 감사한다. 그리고 우리 아버지와 모든 형제도 미국 이민 후 주 예수 그리스도를 구주와 주님으로 영접하고 섬길 수 있었으니 얼마나 감사하랴! 특히 하나님의 선교에 귀한 일꾼으로 부름 받고 쓰임 받았으니 얼마나 영광스러운 전도자 어머니의 은혜가 큰가!

그는 영광의 나라에 가실 때까지 당뇨병으로 고생하셨다. 7남매를 기르시며 초등학교 출신이었지만 자녀들 교육열이 대단하셔서 모두를 고등학교까지 학비를 주시고, 대학은 각자가 해결하는 방식으로 기르셨다.

손이 크신 충남 공주의 만석꾼 갑부의 손녀답게 인물도 좋고 언변도 좋으시고 똑똑하시고 배짱도 크시고 특히 나눠주기 선수인 풍족한 삶의 주인공이셨다. 어린 시절 외할아버지가 파산하고 외할머니가 일찍 돌아가셔서 충남 도청소재지 공주에서 강경으로 낙향하셨다. 그래서 어린 시절엔 해방 후 강경읍장을 지내셨던 큰 오빠 이중우(李重雨)씨 집에서 조카들을 업어 키우며 어머니 없이 서럽게 자라셨다고 한다.

아버지는 의로우시고 올바르고 정직하고 근면 성실하셨으며, 어머니는 다정다감하고 자녀교육열이 남달리 강하고 하나님을 닮아 긍휼히 여기는 마음이 풍성하여 나눠주기를 좋아하고 하나님과 주의 종을 위하여 헌신하기를 마다하지 않는 위대한 신앙인으로 섬기시는 좋은 부모님을 선물로 주셨으니 우리 형제들은 얼마나 복된 사람들인가!

저들 모두에게는 하나님과 부모님의 은혜를 인하여 성품이 좋은 아내들을 주셔서 서로 시기, 질투, 다툼이 없는 효부요, 좋은 아내요, 좋은 부모 되어서 모두가 하나님의 은혜 가운데 살아가니 얼마나 복되게 살아가는가!

날마다 감사하면서 살아가니 여한이 없는 형제들을 볼 적에 기쁨의 충만함을 노래하지 않을 수가 없다 하겠다. 아멘!

시애틀 다운타운의 아름다운 모습

10. 해피 테리야끼 창업으로
교포사회에 기여

◇

◆

　　이민 후 몇 가지 교포사회에 기여했던 것들이 생각
난다. 첫 번째는 공직생활의 시작이다. 워싱턴 주정부의 미관말직이었
으나 공무원으로 취업을 함으로써 다른 이들에게 부러움을 샀다. 물론
한국에서는 고급공무원, 이곳에선 말단공무원이었지만 찬밥, 더운밥
가릴 처지가 아니었다. 나처럼 무일푼 곧, 440불을 가지고 다섯 명의 자
녀와 가난을 가지고 오직 예수 한 분 믿고 이민 온 사람이 흔치 않음을
잘 안다. 형제 중에서도 제일 가난뱅이로 이민을 왔다. 거기에다 기술도
없고, 몸도 건강치 못하니 엎드리면 눈물밖에는 나올 것이 없었다.

　　큰 부자는 아니었지만 동생을 지극히 사랑하는 형님이 꿔준 돈
1,000불을 가지고 우선 온 가족이 한 차로 기동할 수 있는 중고차 1대를
구입했다. 그것이 전 재산이었다. 440불 중 내가 먼저 건너오면서 200
불, 아내가 자녀들과 함께 6개월 후에 건너오면서 240불을 가져와 총
재산 440불이었다.

내가 가져온 돈 200불은 웬 믿음이 그리 좋았던지 첫 주와 둘째 주일 100불씩 헌금하고 나니 무일푼이었다. 지금 생각해도 너무나 무모하고 무일푼으로 부자나라 미국에서 하나님이 어떻게 살게 하시나를 경험하게 하시려고 작정하셨던 같다.

사실은 막내 동생에게 5,000불 총재산을 먼저 보냈기에 그것 받아쓰려는 계획이었지만, 실망스럽게도 그 당시 동생의 형편에 갚을 처지가 못 되어 그런 막막한 사연이 되었던 것이다.

두 번째로 동포들에게 기여할 수 있었던 것은 아내가 꽃집에 취직되고 나중에 화원을 경영하게 되었으니 그 당시 그런 직종에 종사하는 자가 없던 시절이었다. 세 번째로는 부동산 중개업 시험을 치러 합격함으로써 박봉인 공직생활을 마감하게 되었다. 그 당시 서울상대 출신인 최모 씨와 서울대 행정대 출신인 황선규가 함께 합격함으로 지방신문에 대서특필의 기사가 실리기도 하던 시절이었다.

그 후에 "해피 테리야끼" 식당을 형님과 함께 동업하게 되었는데 이 것은 참으로 동포들에게 큰 유익을 주는 걸맞은 사업이었다고 생각된다. 우리 형님이 소스를 독자적으로 개발 연구하는 데 성공을 했다. 나는 자본을 대고 함께 시작하였는데 우리의 상상은 적중했다.

첫째로 동양음식이기 때문에 종업원이 미국 사람일 필요가 없었다. 한국 사람이 더 적합한 종업원 상을 심어 줄 수 있어 교포사회에서 성공만하면 파급될 효과가 더 커질 수 있다는 장점을 생각하게 되었다.

처음에는 사우스센터(SEATTLE South Center)의 도너츠 가게를 구입해서 도너츠와 테리야끼 두 종류를 함께 판매했는데 매상이 좋지 않았다.

그 후에 내가 신학교에 가면서 도너츠 가게 종업원이 나오질 않아 할 수 없이 테리야끼만을 판매하게 되니 매상이 올라가는 기회가 되었으니 이게 웬일인가?

그 후에 이 해피 테리야끼 비즈니스가 점점 번창하게 되었다. 형님의 아이디어로 형제들에게 이를 함께 전수하려는 선한 마음을 주셔서 먼저 올림피아의 셋째 아우 황병규 장로부터 현장실습을 통해 기술을 완전히 습득한 후 자금도 서로 도와서 올림피아에 가게를 오픈하게 되었다. 그 후 그곳도 번창하여 탐워터에 분점을 내게 되었다. 그다음은 타코마의 5째 동생 황철규의 차례였다. 퓨알럽에 오픈해 번창 일로, 지금까지 승승장구하고 있다.

나의 둘째 딸, 서천호 장로 내외도 시애틀의 다운타운에 개점하여 번창하는 등 온 집안이 해피 테리야끼 가정으로 변화하는 역사적인 계기가 되었다. 그러나 프랜차이즈는 시도하지 않았다. 어떤 면에서는 그만한 비즈니스 맨들이 못되었고 그런 욕심을 부리지 않았음을 감사드린다. 다만 교인들과 동포들에게 소스에 관한 정보 등을 흘림으로써 저들의 자영사업으로 권면하니 불 번지듯이 몇백 개의 자영기업으로 자리매김을 하게 되니 얼마나 고마운지 지금 생각해도 주님께 감사하는 마음이 가득하다.

이제는 황씨 가문에서 생업으로 하는 해피 테리야끼 점포가 세 곳이 있을 뿐이다. 저들은 물론, 수많은 우리 동포들이 스몰 비즈니스 아이템이 부족한 터에 크게 공헌해 주는 일에 쓰임 받았다는 것에 주님께 감사 감격한다.

황선규 목사 형제들

11. 형제 우애에 관한 자랑

◇

◆

미국 이민 후에 시애틀 중앙일보에 우리 형제에 관한 기사가 3면에 대서특필된 일이 있었다. 기분 좋은 일이었기에 그때나 지금이나 우애문제에 대하여 조금 자랑하는 것을 용서하고 읽어 주길 바란다. 그 사실을 자녀, 손들에게 알려 주어서 저들 또한 형제간에 우애하기를 바라며 권면하는 뜻에서 이 글을 남기고자 한다.

미국으로 이민 온 형제간에 관계가 썩 좋지 못한 분들의 이야기를 종종 듣기도 한다. 어느 형제 3형제는 서로 형제모임을 갖지 못한다며 안타까워 하던데, 그 이유는 삼 형제가 모이는 날이면, 형제들의 부인들이 과격한 언쟁으로 항상 분위기가 망가지기 일쑤여서 이를 피하자는 뜻에서 모임을 삼가고 있다는 것이다. 안타까운 일이 아닐 수 없다.

형제간에 왜 이민 와서 외로운 처지에 처음엔 잘 지내다가 서로가 마음 상하는 일을 극복하지 못하는가? 그 이유가 각각 다르겠으나 공통점이 있는 것처럼 들리기도 한다. 그것은 대개 한국애서와 미국에서의 서로의 형편에 우선순위가 뒤바뀐 데서 비롯된다는 말이 흔히 들린다.

한국에서의 직장, 수입에서의 차이 등이 이민 후에는 서로 순서가 뒤바뀐 데서 오는 갈등, 열등감, 혹은 누구의 직장이, 수입이, 환경이 달라졌느냐 누가 더 화려하고 멋진 저택을, 혹은 더 많은 부를 누리고 사느냐? 어느 집 자녀들이 더 좋은 학교에 다니며 직장은 어떠냐? 등 여러 가지 비교할 문제가 생겨서 질투, 시기하게 되는 등 잘못된 세상 풍조 때문이라는 것이다. 이런 세상 풍조가 형제간의 우애를 깨뜨려서야 되겠는가?

우리 형제들 이야기를 조금 해 보고자 한다. 우리 형제의 경우에도 그와 같은 질서가 바뀐 것은 다른 이들과 다를 바가 없다. 그러나 다만 그 현실을 인정하면서 모두가 가난한 처지에서 이민을 왔으니 서로 돕는 일에 집중하다 보니 그리고 주말마다 형제들의 집을 돌아가며 모여서 이민생활의 어려움을 말하고, 고국을 그리는 애처로운 마음에서 서로 형제들이 너무나 좋고 한주일 만에 만나는 그 모임이 너무나 기대되고 좋아서 그런 시기, 질투 같은 잡스런 생각들이 침범하지 못한 것은 아니었나 생각된다.

주로 시애틀의 큰형 황동규 가정에 한주일은 모이고, 그다음 주일은 올림피아 셋째 황병규 동생 가정에서 모이는 등 매주 왔다 갔다 하였다. 자녀들 모두를 한 차에 태워서 모이니 아이들은 저들 데로, 어른들은 어른들 데로 너무 기쁘고 즐거운 초저녁부터 밤늦게까지 이야기 꽃을 피우다가 아쉽게 한밤중에야 각기 올림피아로, 타코마로, 시애틀로 헤어지니 정말로 형제우애의 극치의 시절이 아니었나 하는 생각이 든다.

그러면서 점점 정착하게 되니 모임이 뜸해졌지만, 그 초심들을 잃지 않고 즐거운 모임에 형제우애는 짙어만 가는 참 좋고 아름다운 시절이었다. 또한 교회생활에도 공통의 관심사로 대화의 장이 열려서 어른, 아이들 할 것 없이 행복하고 새로운 직장 등 이야기로 꽃피우던 계절이 있었음을 잊을 수가 없다.

어찌하여 이처럼 아름다운 가풍이, 전통이 세워질 수 있었을까? 몇 가지를 생각해 본다. 하나는 부모 교육의 영향이다.

우리 아버지 황희일 집사님은 원래 부잣집 외아들로 일제 강점기에 고등교육을 받으셨고, 교편생활을 20여 년이나 하시던 교육가여서 자녀 교육에 능하신 분이셨다. 그래서 밥상에 둘러앉으면 언제나 교육이 시작되었다. 대개는 같은 레퍼토리였다. 곧 나라에 대한 충성, 부모에 대한 효도, 형제간의 우애 문제 등 예화를 들면서 일장 훈시가 시작된다. 그와 같은 환경을 우리 자녀들이 크게 환영한 것은 아니지만 별수 없이 들어야 하고, 자연히 세뇌교육이 되지 않을 수 없었다.

거기에다 장남인 나의 형과 둘째인 내가 위계질서를 세우게 되는데, 둘 다 6.25 한국 전쟁 당시 장교로 군복무를 하게 되었기에 동생들을 군기 잡는데 명수였던 것 같다. 그러므로 우리 두 형제가 의사를 결정하면 동생들은 그대로 따라 오는 형편이었다. 마침 시대적으로도 일제 강점기에 우리 두 형제만 중학생이었기 때문에 그런 위계질서가 해방 후에도 자연스럽게 세워졌다고 생각된다.

그 역할을 제일 잘한 사람이 둘째인 나라고 생각한다. 왜냐하면 둘째가 첫째에게 복종하면 나머지 5형제가 잘 따라오는 것은 자연 현상이 아니었을까? 이민 생활에 있어서도 하나가 잘 되면 형제들에게 소개하여 그것을 하게 되는 등 서로에게 유익을 끼쳤다.

예컨대, 둘째네가 꽃집을 경영하게 되니 큰 형수가 따라와서 하게 되고, 큰형과 둘째가 해피 테리야끼 일식당을 동업하면서 성공하게 되니 다른 형제들도 함께 배워서 시작하도록 도왔다. 그래서 온 형제가 수지 맞는 그 식당업을 하게 되었다. 그뿐만 아니라 다른 동포들에게까지 그 사업에 대한 좋은 영향을 끼쳤으니 워싱턴 주에 사는 유명한 업종으로 테리야끼 비즈니스가 왕성케 되어 유명한 사업 브랜드가 되었다는 사실은 너무나 유명하다.

또 한 가지 공통점은 형제 모두가 미국에 와서 대부분 기독교에 입문함으로써 교회의 중책으로 섬기게 되었다. 이민 초기에는 섬김을 받는 초신자였으나 세월이 흐르면서 하나님의 은혜로 목사와 장로, 집사, 권사로 성숙하게 되어 도리어 다른 이들을 섬기게 되니 하나님의 은혜로 가난한 형제들이 모두 풍족한 나라에서 좋은 교육도 받고 공직생활도 하게 되고 전문인으로서 미국의 주류사회에서 공헌하는 사람들이 되었으니 주 하나님의 은혜를 어찌 다 헤아릴 수 있을까 감사와 찬양을 올린다.

이러한 은혜를 덧입고 우리 자녀, 손들의 수효가 70여 명으로 많아지고 모든 자녀, 손들이 매년 가을, 8월 말 주일 오후 4시에는 똑같이 가족 묘지에 모여 가족 추도예배를 드리는 전통이 세워졌다.

하나님께는 감사와 영광을 올려 드리고, 형제들과 일가친척들의 우애를 더욱 다져가는 아름다운 가계와 전통을 세워감은 참으로 복된 일이다. 이 일의 최고 어른인 황동규 장로님이 금년 3월에 하나님의 부르심을 받으니 둘째인 황선규 목사가 90세를 맞아 감당하게 되었기에 내가 이 글을 남기고자 결단하게 된 이유이기도 하다.

이는 주님께는 영광이 되고 형제간, 일가 친척 간에 위대한 장래의 복을 쌓는 통로가 되고 있다고 믿는다. 아멘!

"자녀들아 주안에서 너희 부모에게 순종하라 이것이 옳으니라. 네 아버지와 어머니를 공경하라 이것은 약속 있는 첫 계명이니 이로써 네가 잘 되고 땅에서 장수하리라 또 아비들아 너희 자녀를 노엽게 하지 말고 오직 주의 교훈과 훈계로 양육하라"(엡 6:1-4)

해마다 시애틀 세계 선교대회가 열리는 아름다운 시백 컨퍼런스 센터

12. 아름다운 가족묘지와
은혜로운 추도예배

◇

◆

　　텍사스 댈러스(Texas, Dales)에 살고 있는 황충규 장로, 그 당시 미국 군인 신분으로서 형제 초청이란 선한 마음으로 우리 형제 9남매 모든 가족을 미국 이민 오도록 초청해 주었다.

　　제일 먼저 셋째 故 황병규 장로 가정에서 3남매를 데리고, 워싱턴 주 주정부 소재지인 올림피아(Olympia)로 처가 친척의 도움으로 제일 먼저 오게 되었다. 그때가 1976년 3월의 일이다.

　　그 다음이 둘째인 나 황선규 목사 가정에서 같은 해 4월 10일 황선규 단신으로 시택공항에 입항했다. 5남매가 있었지만, 재정보증이 약하다는 이유로, 가장인 내가 먼저 직장을 얻고 재정보증을 할 만한 때 데려가라는 미국 대사관의 요구가 있었기로 혼자서 올 수밖에 없었다.

　　한 달 먼저 온 동생네 집에 기대고. 그 당시는 공항에서 바로 영주권 곧 소위 그린카드(Green Card)를 주던 시절이었다. 지금 생각해 보면 그 당시의 미국 이민정책은 매우 합리적이고 너그러웠던 것 같다. 한 달 뒤에 첫째 형님네 가족들 6식구가 도착했고, 그 뒤 6개월 뒤인 10월이 되어서야 나의 어머니와 아내와 5남매 자녀들이 비자문제로 천신만고 끝에 고통의 터널을 지나 그립던 가족상봉의 기쁨을 나누게 되었다.

아무튼 그 후 형제 9남매의 가족들이 수속의 차이가 나게 약 2년쯤 걸려서 시애틀로 이민을 오게 되었다.

그 당시 이민 동문들은 아는 바이지만, 직장 구하기가 얼마나 어려웠던지 모른다. 그럼에도 불구하고 하나 둘씩 직장을 가지게 되었으니 지금 생각하면 모든 것이 하나님의 은혜라고 밖에는 설명이 되지 않는다. 당시 이민을 먼저 와있던 국제결혼한 한미가족 자매님들이나 먼저 온 동포들이 서로 도와주려는 마음과 너그러움이 있었던 시절이었다. 동포들의 만남의 장소랄까 그 본거지는 물론 한인교회가 중심이었다.

우리 형제들은 한 두 사람이 서리집사이고 나머지는 초신자였지만 모두가 기독신자였다는 점이 감사하다. 우리 어머니 故 황영우 권사의 전도 덕분이었다. 그러기에 함께 교회에 다니게 되었고, 시애틀과 페더럴웨이와 타코마와 올림피아에 길게 뻗쳐 살면서 교회를 나가 섬김을 받고(?) 매주일 한 번씩 형님댁과 셋째 집에서 서로 만나 회포를 푸는 우애 좋던 시절이었다.

거기에다 우리 형제들이 모두 군인 출신이고 공직생활을 하는 등 위계질서에 익숙한 편이었고, 다른 한편 아버지는 교육가 출신이어서 밥상에 앉을 때마다 도덕교육이 시작되었는데, 곧 나라에 충성, 부모에 효도, 형제간 우애에 대한 것을 귀가 아프도록 어린 시절부터 날마다 받아 온 터라 질서가 있고 우애가 있는 그런 분위기였음을 지금도 감사하고 있다. 그러므로 첫째와 둘째 형인 우리가 상의해서 결정하면 나머지 동생들은 언제나 따라오는 그런 가정 분위기였다.

우리가 장차 이 우애를 어떻게 길게 보존할 수 있을까? 생각하는 중에 한가지 의견을 내가 내놓았다. 얼마 후에 이민생활하다가 우리가 죽을 터인데, 한곳에 함께 묻혀 있으면 우리 자녀들이 함께 추도예배를 드리면서 자자손손 우애할 수 있을 것 같다는 생각을 하게 되었다.

그래서 수입이 전혀 없을 때였으나 마운트 레이니어(Mount Rainier) 산이 선명하게 한 눈에 보이고 시애틀과 올림피아의 중간지점인 페더럴 웨이 지역의 어번 마운틴뷰 시립묘지(Auburn Mountainview Cemetery) 한 장소에 그 당시 1기당 500불씩 구입하기로 결정하였다.

그 후 매년 8월 마지막 주일 오후 4시를 정해 놓고, 온 자녀, 손이 함께 모여 하나님께 감사예배를 드리게 되었다. 내가 목사여서 예배를 인도하고 형님이 장로여서 대표기도를 하는 등 지금은 70여 명이 매년 모여 하나님께 영광을 돌리고 형제간과 4촌들과 손, 자녀들 사이에서 참 의미 있는 예배와 서로 가까운 교제가 있는 기회가 되고 있다.

타지역으로 이주한 형제나 자녀들을 빼고는 여름휴가가 끝나는 마지막 8월 말이어서 모이기에도 좋고, 일 년 동안 평안한 삶을 허락하신 주 하나님께 온 집안이 감사예배도 드리니 얼마나 아름답고 행복하고 보람이 있는지 모른다.

당초 21개 묘지를 구입했는데, 3가정은 댈러스와 LA로 이사를 했기 때문에 그곳에서 세상을 떠나 묻혔고, 나머지는 어머니 황영우 권사님과 아내 황정자 사모와 3째 동생 황병규 장로 내외, 넷째 동생 황영규 장로, 다섯째 동생 황철규 장로, 작은 매부 장재영 집사와 금년 2021년 들어 큰 형 황동규 장로 내외 등 여러 명이 벌써 어번(Auburn) 가족묘역에 잠들어 있다.

세월이 유수와 같다더니 46년이란 세월이 흘렀다. 내가 44세에 이민을 왔는데 90세가 되었으니 말이다. 이 일은 지금 생각해도 참 잘한 일이다. 이제는 그 근처에 묘지 자리가 없으므로 우리 자녀들은 그 옆자리 세 곳으로 이동, 비싼 값을 치르며 함께 묘지를 구입하는 것을 보면서 선한 생각을 주신 하나님께서 계속 일하고 계심을 본다.

궁극적으로 이민 오던 당시 초신자였던 온 형제들이 목사, 장로, 권사, 안수집사, 선교사들이 되어 섬김을 받던 자리에서 섬기고 있으니 하나님께서 행하신 은혜가 아닐 수 없다. 그에게 세세 무궁하도록 영광을 돌려드린다.

우리 자녀들도 목사, 선교사, 장로, 안수 집사 등으로 교회의 직분자로 쓰임 받고 있거니와 나를 특별히 30여 년 전에 부르셔서 '선한목자선교회'(GSM, Good Shepherd Mission)를 목회은퇴 후에 창립하게 하셔서 19년 동안(2002-2020) 국제대표로 섬긴 후 2020년 12월 13일에 19년 만에 은퇴하고 명예이사장이 되고, 그 덕분에 이제는 큰아들 John이 50대가 되어, 운영이사장으로 큰 몫을 감당하고 있다.

하나님께서 귀하게 사용해 주심으로써 전방 선교사들에게 소위 다구좌 ($100X250구좌)를 감당하니 복된 통로가 되게 하심을 얼마나 감사해야 할지 모른다. 다른 자녀들과 4촌 조카들까지도 영향을 받아서 참으로 귀한 하나님의 선교 동역자로 헌신하고 있어 감사를 드린다.

저들은 이미 신앙생활도 잘하거니와 미국의 주류사회에서도 다른 이를 위한 가치 있고 보람 있는 직종에서, 이를테면 의사, 변호사, 경찰국장, 회사 사장, 선교사와 목사, 교육가로, 미용사나 간호사, 소상공인 등과 기타 여러 직종에서 열심히 살아가고 있으니 하나님의 은혜가 얼마나 큰지요! 이민 1세로선 형언하기 어렵다 하겠다.

특히 우리 온 형제 가족 전체를 번거롭다 아니하고 이민시키는 일에 능동적으로 수고해준 막내 동생 황충규 장로에게 고마운 마음, 아무리 말해도 부족하다는 생각을 하면서 살아가고 있다. 그는 6째 막내 황충규 동생으로서 82세가 되었으며, 90세를 맞은 둘째인 황선규 노종과 함께 형제 2사람이 그리고 여동생 박청자 권사 하나가 아직도 생존하여 남은 자로 하나님의 선교사역자로 쓰임을 받고 외로움을 달래며 살아가고 있다.

한국을 방문했을 때 논산 훈련소 앞에서
황선규 목사 형제들이 경례하고 있다.(오른쪽 2번째가 황 목사)

13. 선교 동역자 황동규 장로와
유승춘 권사를 보내고

지난 4월 22일에 있었던 유승춘 권사님(4월 12일 별세)과 3월 20일 황동규 장로님의 환송예배(3월 16일 별세)는 은혜로웠다.

형수님은 온유하고 겸손하신 믿음의 여장부였다. 형님은 92세, 형수는 90세로 백년해로 장수하셨고, 형수가 약 6년간의 긴 세월, 가벼운 중풍으로 투병하는 동안, 형님의 정성스런 돌보심은 남달랐다. 그러므로 젊은 시절 사랑의 부족함 같은 마음을 가끔 표현하던 형수님의 언어가 달라졌었다. "그이처럼 잘하는 사람은 세상에 없을 거야"라고.

여러 번 즐거운 고백을 들은 적이 있다. 이는 진심이었음을 본인은 물론, 형님도 알고, 자녀들도, 우리 형제들도 모두 다 아는 인생의 모범생이었다. 그야말로 형님 내외분의 영혼 깊숙이 그 사랑의 행함은 오직 예수님의 성숙한 사랑 때문이었다고 믿는다. 자녀들도 장녀 채영이를 비롯하여, 수영이, 선아, 성원이, 4녀 모두가 효녀였다. 손, 자녀들도 효심의 부모를 그대로 배워서 보기에 좋고, 복 받은 가정임을 증거해 준다.

형님과 나는 아주 어린 시절을 지나서는 한 번도 다툼이 없는 서로가 인간적으로, 인격적으로 참 친근한 형제였다. 나의 선교사역에도 언제나 100% 후원자요, 동생들에 대한 사랑도 남다른 편이었음을 시인한다. 신앙생활도 진실했으며 교역자들에 대한 예우도 온유하게 인격적으로 대함으로써 감사의 대상이었다는 것을 사후에도 증명되었다.

다만, 자녀들의 가정문제로 여러 가지 마음 아픈 때를 당해서도 아이들을 욕하거나 원망하는 대신 정말로 남다른 사랑과 이해심으로 저들을 축복한 아버지요 어머니였다고 믿는다. 참 본받을 만하다고 생각한다. 우리 형님 내외분저럼 자녀들의 돌봄과 사랑을 받으며 노경에 투병하고 끝까지 믿음을 지키며 두 내외가 해로하는 분들이 얼마나 많을까?! 오늘은 유독 그 형님과 형수가 보고 싶다.

오늘도 옆에 계신 것 같은 형님, 다시 보이지 않으니 정말 이 글을 쓰면서 나는 울고 있다. 처음으로 심하게 경험하는 눈시울이 뜨거워짐을 느낀다.

내가 폐암이 걸렸다는 소식을 듣고 그 비싼 한약재 700불어치를 사가지고 오셨던 사랑 많은 형님이셨다. 동생 사랑이 지극하였음을 증거한 케이스요. 생명이 촌각에 달려있는 근래에도 동생인 내가 선교회를 은퇴하던 날, 그 소중한 1,000불을 주시며 손님들 식사를 대접하던 사랑을 잊을 길이 없다. 눈물겹도록 고맙고 감사하다. 나도 곧 영광의 나라에 입성하리라! 그날이 언제가 될는지 알 수 없는 하루하루를 살아간다. 밤잠이 들기 전에는 주님의 가상칠언을 묵상한다.

제7언: "아버지여, 내 영혼을 아버지 손에 부탁하나이다" 오늘 밤에 심장마비로 데려가셔도 감사합니다.

어느 날인가 멀지 않은 장래, 그날이 이르면 하나님은 공평하고 사랑이셔서 그곳에선 모두가 천사와 같은 존재들이라지만 서로를 알아보고 반가운 만남을 주시리라 믿는다.

이제 떠나가신 형님 내외를 내가 어찌 사랑에 보답할꼬? 대신 조카들을 며칠 내에 만나서 덕담을 나누며 축복의 통로였음을 알려 주자. 그리고 정성껏 저들에게 사랑의 빚만 지지 말고 저들을 위해 대접하는 손길이 되자. 선한 일에 부요한 여생은 가까운 데서부터 실천함이 옳은 것 아닌가!(갈 6:9-10) 형님은 떠나가신 후에도 조의금 중에서 GSM 선교헌금으로 5,000불을 주신 선교의 본이시다.

'21 시애틀 GSM 선교의 밤'에서 권종승 선교사가 선교 보고를 하고 있다.

14. 우리 조상과 자손들의 이야기

◇

몇 년 전에 한국에 나가서 紆州黃氏(우주황씨) 족보 한 벌(5권)을 20만 원에 구입해서 돌아왔다. 총판이 있고, 전주파(全州派)와 임피파(臨皮派)의 각본으로 되어 있음을 발견했다. 우리 조상은 임피파에 속한다고 들었다. 임피군은 지금의 익산시와 군산시 사이에 있는 한 시골 군소재지의 이름이다. 그곳 임피군에 우주황씨 중 일가들이 많이 살고 있고, 선산 곧 조상들의 묘역을 만들고 제사로 선현들을 섬기고 있어 유명한 곳이다.

그 조상 중에 한 분이 현재 내 고향인 전라북도 익산군 망성면 내촌리 50번지(동촌)에 이주해 오셔서 살게 되었다는 것이다. 나의 조부 황봉모(黃捧模: 1867-1931)의 선대이신 나의 증조 할아버지를 나는 본적이 없다. 다만 어릴 적에 들은 말로 그 증조부께서 5남매를 두셨다는 것이며 그중에 우리 할아버지는 막내아들이다.

집안의 가세가 너무나 곤궁해져서 막내였던 우리 할아버지는 이웃 동네 王氏 할머니와 혼인 후에 분가를 나시는데 유산으로는 "쌀 한 되"

가 전부였다는 것이다. 이처럼 가난한 할아버지께서 장사를 시작하여 당대에 대농(200두락=마지기, 도조 200섬)을 이루시고 동촌 부락에 고급주택을 마련하셨다.

장사밑천으로 자전거를 어떻게 마련하셨는지는 몰라도 이 자전거를 타시고 근처의 여산 장, 강경 장, 함열 장, 논산 장 등으로 모든 장날에 다니시면서 끼니를 거르면서 돈을 버셨단다. 온유하신 성품에 끈기 있고 정직한 분이셨으며, 할머니는 얼마나 근검절약하셨던지 쌀 한 톨이 솥에서 떨어지면 주어서 씻어 가마솥에 도로 넣으셨다는 일화를 들은 적이 있다. 그때나 지금이나 자수성가란 참으로 놀라운 기적과 같은 이야기이다.

할아버지는 슬하에 2남매 곧 나의 부친 황희일(黃熙壹, 1897-1967)씨와 동생 황희정(黃熙貞)을 두셨다. 그리고 아버님에게 그 당시의 고등교육을 시켜 주셨다. 곧 여산초등학교와 군산농업학교를 졸업하되 양교 모두 수석으로 졸업할 만큼 수재이셨다.

그 후 아버님은 여러 가지 공직생활로 곧 경찰관, 전매청 등을 잠시 거쳐서 익산, 군산 등지에서 초등학교 교사로 교육가의 생애를 사셨다.

20여 년간 봉직하신 후 조부께서 허락하신 부를 기반으로 농토를 300마지기로 증가시켰고 부모님에게 효심이 지극하여 향교에서 효자비를 세워드리겠다는 결의가 있을 정도로 정직하고 성실하게 여생을 사셨다. 나는 요즘 부모의 유전에 대한, 곧 DNA에 관한 이야기를 종종 듣는다. 병원에도 가면 부모님들의 병력에 대하여 물어본다.

나의 형 황동규는 아버님을 본받아 중고등학교 교편생활을 20여 년 하셨다. 그리고 나의 자녀 중에 장남인 황정호(John Hwang)는 사업가로서 돈벌이를 남달리 잘한다. 셋째 딸 황혜경도 서비스 회사를 운영하면서 그와 비슷하게 사업에 능하다. 어찌 된 일인가? 나는 돈 버는 일에 무능한데. 그리 생각하는 중에 발견된 원리는 우리 할아버지의 유전자(gene)를 닮은 것이 아닌가 하는 생각이 문득 들었다. 그리고 저들의 어머니 故 황정자(1936-1998)의 소질이나 성품도 그에게 유익을 주는 게 아닌가 하는 생각을 해 보았다.

우리는 어린 시절 초등학교 1학년 때, 9남매의 자녀교육을 위해 대전으로 이사하게 되었다. 큰 누나 황영주는 대전에서 강경여자중학교로 기차통학으로 다녔다. 나머지 우리 형제들은 대전영정초등학교에 다녔고, 그곳에서 충규, 청자 동생을 낳으셨다. 그래서 그들의 이름이 충청도라는 뜻으로 충(忠)자와 청(淸)자이다. 대전시 정동 6번지에서 일제 강점기에 상가를 구입하여 약국, 문방구, 담배가게, 국수집 등을 경영하는 사업가로서 자녀 교육에 힘써 주셨음을 감사 드린다.

8.15 광복절 당시 형과 나는 자랑스러운 중학생으로서 형은 이리농림학교에, 나는 전주사범학교에 다니는 중에 감격적인 조국의 해방을 맞게 되었다. 해방 후 아버지는 망성면장을 비롯하여 여러 가지 봉사활동을 하시다가 많은 자녀의 교육을 위해 또다시 대전시 성남동으로 이사하여 성남정미소 등을 운영하는 사업을 하셨다.

이사를 여러 번 다녔기 때문에 나는 초등학교 4곳, 중고등학교 3곳 등 7곳을 다녔고 대전공고 3학년 때, 6.25 전쟁을 당하여 군에 입대하고 최전방에 배속되었으니 크게 부상을 입는 등 파란만장의 세월 속에 아픔의 시절을 고백하지 않을 수 없다.

가족 소개

부모형제들의 성명

조부모: 황봉모(왕씨1872-1941), 부모: 황희일(오봉술, 이영우1907-1990)

큰누나: 황영주(김영환), 작은누나: 황금화(장재영)

큰형: 황동규(유승춘), 본인: 황선규(오정자, 김부희)

셋째: 황병규(유진봉), 넷째: 황영규(여운순)

다섯째: 황철규(김계선), 여섯째: 황충규(설정숙)

막내여동생: 황청자(박재홍)   9남매

자녀들의 이름

황영주＝김애련, 김천동, 김미령, 김영실, 김강석, 김강호

황금화＝장영호, 장훈기, 장진경

황동규＝황에리카, 황수영, 황쥴리(찰스 허만), 황조

황선규(오정자)＝황은경

　　　　　황성경(서천호)＝서은식, 서정인, 서힘찬, 서굳셈

　　　　　황혜경(오상훈)＝오원근, 오신영, 오태근

　　　　　황정호(황엔젤라)＝황선택, 황현택, 황노엘

　　　　　황세호(황현영)＝황원택

　　　　　황석호(황리나)＝황성준, 황하리, 황지택

'19 시애틀 GSM 선교의 밤'에서 캄보디아 김영철 선교사가
선교 보고를 하고 있다.

이민 온 후 가족사진

15. 외상 비행기

◇

◆

　　외상 비행기 할부 빚 3,000불을 갚아준 어린 큰딸
의 희생은 내 평생의 후회이다. 이민생활을 통한 연단, 훈련과 축복의
한 장면을 소개하고자 한다.

　　1976년 미국 이민의 문이 활짝 열렸을 당시 미국 항공사의 하나인 서
북항공사(North West Airlines)에서는 기발하고 희한한 외상비행기 제도(Fly
Now Pay Later!)가 있었다. 지금 생각해 봐도 뛰어난 상술이었다고 생각된다.
먼저 온 가족이 외상비행기를 타고 이민 가서는 벌어서 갚으라는 것이었
다. 그러니 가진 것 없는 나 같은 사람에게는 얼마나 좋은 제도인가?

　　우리 가족은 어른 3명, 어린이 5명 도합 8식구로서 전체 항공료가 약
3,000달러 정도로 기억된다. 한 달에 150달러씩 몇 년을 갚으면 되는
액수였다. 큰 부담이 되는 액수를 우리 가정의 큰 딸인 은경(Karen) 13세
의 어린아이에게 전적으로 부담시켰다. 워싱턴 주의 주정부 소재지인
올림피아(Olympia)의 한 대학 구내식당에서 접시닦이를 하면서 버는 월
급으로 몇 년 동안에 걸쳐 갚았다. 얼마나 신통하며 의젓한 맏딸이었던

가! 이 과정을 이야기하려니 벌써 나의 어리석음과 죄책감으로 인해 가슴이 메어져 온다.

다시 할 수 없는 어린 자녀 교육에 실패했다는 생각은 지워지질 않는다. 너무나도 하나님과 자녀들 앞에서 큰 죄악과 실수를 저질렀다는 생각에서다. 왜 큰 죄악인가? 먼저는 돈을 하나님보다 앞세움으로써 큰 죄가 되었던 것이다. 주일에도 일하게 함으로써 성수주일을 가르치지 못했다. 당장 일을 고만두게 해야 마땅한 일이었는데 그러지를 못했다.

지금 생각하면 그렇게 했어도 아무런 지장이 없었다. 오히려 그 딸에게 기분 전환의 기회도 주고, 하나님 경배 제일의 신앙심도 심어주는 등 여러 가지 좋은 결과를 주었을 것이 분명하다.

그 당시 무엇이 그리 급한지? 실수보다 더 한 큰 죄악을 범했던 것이다. 나 자신 한국에서 서리 집사가 되어 전도와 구역강사 등 열심히 신앙생활을 오랜만에 다시 시작한 후, 이민을 왔으니 스스로 좋은 신앙인이라고 생각했던 미숙한 초신자의 모습이 아닐 수 없었다.

그 당시 어린 자녀들은 교회예배에 가고 싶은 나이였는데 혼자서 일하게 되어 정서적으로도 서운하고 아쉽고 불안정하고 재미있는 신앙생활을 하면서 자랄 수 있는 기회를 놓쳐버린 것이다. 솔직히 말하면 놓쳤다기보다는 아비가 박탈해 버린 것이다.

연약하고 포악한 아비의 신앙심, 잘못된 가치관 때문에 어린 시절에 바른 신앙으로 양육 받지 못한 것은 인생의 가장 중요한 것을 잃었다고 말해도 지나치지 않는다. 그 당시 나의 미숙한 신앙상태를 생각하면 분노하리만큼 자신이 밉다. 바른 성경공부, 십일조와 헌금생활, 돕는 성도와의 교제, 복음전도 등의 중요성을 가르치지 못했다.

황금기와 같은 어린 시절에 바른 꿈과 비전과 가치관을 제시하지도 못하였다. 올바른 자녀교육에 대하여 실패했다고 자인하는 까닭에 그녀의 삶 가운데 고통할 적마다 눈물로 회한을 씻으려 했다.

그의 무거운 짐을 위해 기도와 간구하는 일을 호흡이 있는 한 그칠 수가 없다. 이런 상황을 천추의 한이라고 하던가! 내 자신은 회개 하였기 때문에 주님의 용서는 받았다고 말할 수 있겠으나 그 자녀의 인생에는 지울 수 없는 큰 상흔을 남겨 두었으니 어찌하랴!

이 글을 읽으면서 여러 부모님은 자신을 성찰해 보는 거울로 삼으셨으면 좋겠다는 생각을 해본다. 성경말씀 중에 "돈을 사랑함이 일만 악의 뿌리가 되나니 이것을 탐내는 자들은 미혹을 받아 믿음에서 떠나 많은 근심으로서 자기를 찔렀도다."(딤전 6:10)

"돈을 사랑하지 말고 있는 바를 족한 줄로 알라 그가 친히 말씀하시기를 내가 결코 너희를 버리지 아니하고 너희를 떠나지 아니하리라 하셨느니라."(히 13:5)

그리고 에베소서 6장 4절 말씀에는 "또 너희 아비들아 자녀를 노엽게 하지 말고 오직 주의 교훈과 훈계로 양육하라"고 하셨다. 모든 것이 다 때가 있지만, 특히 자녀교육에는 때를 놓치면 다시 고쳐지지 못하는 고통이 평생 따라다닐 수도 있다는 생각을 해 본다. 자녀들은 항상 어리지가 않다. 날마다 자라며 성장해 간다.

다른 말로 표현하면 하루하루 삶의 기회가 지나가는 것이다. 그 어린 시절은 황금기이다. 자녀에게는 물론, 부모에게도 하나님께서 주신 절호의 기회인 것이다. 내 자녀가 아닌 하나님의 자녀라고 생각해 보라. 이것이 바른 가치관이다. 그분께서 생명을 주셨고 앞으로 일생을 살아갈 동안 사랑의 대상으로 인간교육의 대상으로 효도를 하는 대상으로 부모자식 관계로 맺어 주었으니 세상에서 제일 친근한 사람의 관계이다. 창조해 주시고 서로 사랑하라는 대상의 선물로 주셨으니 어떻게 가르치고 길러야 하는가? 주의 사랑과 교훈으로 양육해야 옳지 않은가!

이제 내가 죄를 진 그 사랑하는 딸이 59세가 되어서야 서로 더 가까워지니 회개기도의 응답이며 그의 너그러움의 은택이라고나 할까 감사하기 그지없다.

할렐루야! 바라기는 앞으로 더욱 그 큰딸이 고통 중에서도 하나님 앞에 더욱 겸허하게 사랑하며 충성하고, 형제들에게도 더욱 너그럽게 섬기며, 이웃들에게도 선한 일에 부요한 여생을 살아가게 되기를 소원한다.

유럽대회 중 방문한 스페인 교회에서

'21 시애틀 GSM 선교의 밤'에서 존황 이사장과 서성경 권사가
GSM에 대해 설명하고 있다.

16. 디프테리아 전염병의 은혜

사랑스런 둘째 딸 성경이에게 생명의 위기가 다가왔다. 곧 급성호흡질환 전염병에 걸렸을 때가 4살 정도. 나는 국가보훈처 기획예산담당관으로 일하고 있을 때였다.

그 당시 어린이 전염병이라서 강제 입원을 당해야 되는 입장이었다. 미아리 자택에서 살고 있을 때였는데 열이 얼마나 심하던지 어린아이가 제정신이 아닌 것 같이 행동하는 것이 아닌가? 한 예로, 큰 성냥갑을 신발인 줄로 알고 신으려고 애쓰는 모습을 볼 적에 제정신이 아니다. 전염병이었기에 서울특별시 중앙보건원에 강제 입원되었다. 하루는 디프테리아(Diphtheria) 특효주사약 한방이면 해결된다는 말이 들린다. 그런데 너무나 비싼 고가의 약이란다. 그 당시 시가로 약 4만 원 정도, 중앙정부 고급공무원인 서기관 한 달 월급에 해당되니 보통 약값이 아니다.

그날 마침, 그만한 보너스 용돈이 생겼다. 나는 즉시 중앙보건소로 달려갔다. 병실을 돌아보니 다들 죽어가는 형국이었다. 지금 기억으로는 4~50명 병든 중환자 어린이들이 눈만 크게 힘없이 뜨고 있는데 살

가망은 전혀 없어 보였다. 즉시 우리 아이 성경이를 가슴에 안고 밖으로 걸어 나왔다. 간호사가 허겁지겁 앞을 가로막았다. 규정상 못 데리고 나간단다.

나는 이성을 잃은 사람처럼 큰소리로 외쳤다. "내가 누군 줄 아느냐? 나는 국가보훈처의 기획예산과장이다. 이 아이는 내 딸이다. 이대로는 죽는다. 나는 이 아이를 살려야 될 아버지다."

사람들이 모여드는 사이, 나는 병원을 빠져나왔다. 나도 제정신이 아닌듯 싶었다. 이러한 행동을 취한 적이 백마고지 전투에서 중상을 입고 야전병원에 입원했을 때 수술 의사의 하던 말 곧 "양지절단" = "양다리 절단"이란 말을 들을 적에 이성을 잃고 부르짖었던 적이 있었다.

"야 이 새끼들아! 내가 누군 줄 아냐? 29연대 3대대 9중대장 황선규다. 만약 내 다리 자르기만 잘라라 너희들 다리 다 내가 잘라 놓겠다." 한마디로 쇼크로 악을 쓴 거다. 결국 양다리는 절단되지 않은 상태로 후송되었다.

이번의 사태가 두 번째의 발악(?) 상태라고나 할까? 당당히 전염병 환자인 사랑하는 딸을 데리고 퇴원할 수 있었다. 그리고 병원 근처에 있는 약국에 들러서 그 고가약 디프테리아 주사약을 맞고 귀가하니 그 대단한 열병이 사그라지기 시작했다.

그래서 사랑하는 둘째는 건강하게 자라서 지금도 나의 삶 주변에서 아버지의 중병관리에 너무 많은 시간을 투자하며 수고를 너무 많이 하고 있다.

뉴욕으로 시집가서 살고 있는 셋째 혜경이는 효녀 중에 효녀요 형제

우애 중에 우애의 으뜸이다. 시집이나 친정 부모에게도 효의 으뜸이요, 형제우애의 으뜸이라 모든 집안일 꾸려나감에 있어서, 특히 물질의 투자를 아끼지 않아 남다르다. 그녀는 자기의 것을 아끼지 않는다. 형제들이 그의 집 방문을 20회 이상 할 정도로 부모사랑, 형제우애가 너무나 대단하다. 그래서 다른 형제들에게 모범이 되어 모두가 본받고 있어 하나님의 은혜가 너무나 감사하다.

이런 형제들로 둘러싸여 살고 있으니 전적으로 하나님의 은혜라 말하지 않을 수 없는 축복의 대상임을 자랑한다.

'21 시애틀 GSM 선교의 밤'에서 황선규 명예 이사장이
몸이 불편한 가운데도 간증을 하고 있다.
옆에서 존황 이사장이 아버지의 건강을 우려하며 지켜보고 있다.

17. 어린 아들, John이 팔 부러지고 빌던 이야기

◇

◆

　나는 외상 비행기에 8식구를 태우고 이민 온 무모하고 부끄러운 가난뱅이였다. 총액 440달러를 가지고 왔다면 믿어줄 사람이 없을 것이다. 가난이 자랑이 아니기에 남들은 전혀 알 리가 없다. 허우대가 멀쩡하지만 침묵하니까 어찌 알 수 있으랴! 지금 생각해 보면 그것은 전적인 하나님의 은혜였다. 그가 어떻게 자녀들을 먹이고 입히시고 공부하게 하셨는가? 특히 참 하나님을 경외하고 이웃을 사랑하는 인간의 도리를 깨닫게 하는 바른 신앙생활로 인도해 주셨는가? 전적인 하나님의 은혜에 의한 계획과 성취의 과정이었다.

　이런 때에 우리 가족은 오직 예수 그리스도만을 전폭적으로 의뢰하고 살아가는 터였다. 어느 주일의 일이다. 예배 중에 있는 나를 급히 불러내서 나가보니 큰아들 John이 친구들과 놀다가 떨어져 오른팔이 부러져 있는 게 아닌가! 겉으로 봐서도 알 수 있도록 완전히 골절되어 어그러져 있는 것이었다. 어린 아들 John은 아픔을 참느라 이마에서 식은

땀을 흘리고 있었다.

나는 자동차에 일단 태우고 그의 부러진 팔을 바치고 먼저 하나님께 간절히 기도하기 시작했다. "하나님 이 아들의 팔이 부러졌는데 어느 병원으로 가야 할는지? 어떻게 치료비를 내야 할는지 막연합니다. 인도해 주시고 치료해 주세요!"

기도하는 중 시내 큰 병원 하나가 생각이 난다. 어느 누구의 도움도 없이 그곳을 향해 자동차를 몰고 갔다. 응급실에 들어가니 급하게 진행되는데 이동 침상에 누워있는 어린 아들이 "아버지" 하고 부른다. "아버지 우린 돈도 없는데 다시는 밖에서 놀지 않겠습니다. 용서해 주세요!" 이 말을 듣는 순간 나는 설움이 복받쳐 울음이 터져 나왔다. 가난은 참비참하구나! 하는 생각이 밀려 왔다.

팔이 부러져 지독한 아픔으로 식은땀을 흘리는 마당에, 치료비를 걱정하는 어린 아들, 오히려 부모를 걱정하며 팔 부러진 데 대한 용서를 구하는 비참함, 누구의 죄인가? 하염없이 눈물이 흘러나오고 있었다. 지금 생각해 봐도 가슴이 메여온다.

그 후에 우리 하늘의 아버지께서는 침묵하지 않으셨다. 한인교회 담임이신 조기선 목사님께서 건물주인 미국교회에 요청해서 교회보험으로 치료비를 물어주는 은혜를 입게 해 주었다. 따라서 경제적인 어려움에서 놓임을 받았기에 그 후 교회보험제도의 중요성을 배울 수가 있게 되었다. 그 아들이 대학 다닐 적에 등록금을 대주지 못해 호텔에서 버스보이(손님가방을 날라다 주고 팁을 받는 사람)로, 혹은 고급식당의 차량 주차원 등으로 고학을 해서 힘들게 대학을 졸업했다. 그러나 지금은 자수성가

하여 신앙생활도 잘하고 선교사역에도 귀하게 헌신하고 있다. 뿐만 아니라 아무런 도움을 주지 못했던 아버지에게 중간 선교사의 예우로 성심껏 생활을 돕고 있으니 고맙기도 하고, 한편 미안한 마음 금할 길이 없다.

다만 신실하신 주의 약속인 "네 부모를 주안에서 순종하고 공경하라 그리하면 땅 위에서 잘 되고 장수하리라."(엡 6:1-3)하신 말씀으로 축복하기를 즐겨하고 있다. 이 아들은 원래의 성품이 정직하다. 강직하다고 표현해야 더 잘 맞는 표현일까? 그래서 어릴 적부터 부모에게도 잘 따져 묻는다. 실상은 따지는 게 아니라 그냥 물어보는 것인데 따지는 것으로 들렸으니 그게 문제였던 것이다.

그러면 그의 성품이 그러려니 하고 친절하게 가르쳐주면 되지 않는가? 그런데 나는 자녀교육에 미숙하여 군대식으로 말대답하지 말라면서 한대 쥐어박는다. 그래서 이 아들이 가장 많이 매를 맞으며 자랐다. 그러니 "나는 말도 못해요?"라며 항변했으나 또 "말대답 한다"며 나무라니 부자간의 사이가 자연 멀어질 수밖에 없었다.

그의 엄마는 달랐다. 딸 셋에 첫아들을 주었으니 너무나 귀한 존재였다. 거기에다 용모가 준수하고, 성품도 좋고 또한 아들을 주실 때까지 조상을 섬길 수 있는 아들을 낳겠다고 가장인 내가 마음에 작정하였으니 달리 말해서 아들을 못낳음으로 쫓겨나지 않아도 되었으니 그는 안심케 하는 존재였던 것이다.

어머니와 아들의 관계는 매우 가깝고 서로 유별나게 사랑하는 관계였다. 그래서 대학시절에 어머니가 어려운 중에 아르바이트는 했지만,

등록금만은 챙겨 주었던 것이다. 그러나 나는 자녀교육을 위해 미국 이민을 왔다고 말은 했으나 실제로는 관심이 없었다. 미국 유학 와서 고학으로 대학 졸업하고 자수성가 한 사람들도 많은데 밥 먹여 주면 되었지 하는 잘못된 생각이 있었다.

더욱 잘못된 생각은 저들에게 앞으로의 꿈과 비전과 가치관도 제대로 제시하지 못했으니 나도 부모로부터 받지 못해 당연하게 여겼던 어리석음의 극치가 아니었나 싶다. 이제 깨달아지니 주님 보시기에 얼마나 미련한가! 그런데 나는 이런 자녀들한테서 남들이 받지 못하는 효도를 받아가며 누리고 산다. 왜 그럴까? 내가 나의 부모를 섬기던 것 보다 비교할 수 없을 만큼 훨씬 더 훌륭한 효도를 받고 있다.

그 답은 단 한 가지 짐작되는 것이 있다면 하나님의 선교에 올인하게 됨으로써 하나님께서 귀히 보시고 은혜를 베풀어 주신다고 믿는다. 그것 아니고는 다른 대답이 있겠는가?! 아멘!

'21 GSM 세계 선교대회'에서 황선규 GSM 명예 이사장(왼쪽 4번째)이
선교사와 후원자들과 함께 점심을 나누며 이야기하고 있다.

황선규 목사와
황정자 사모

황선규 목사와 황부희 사모

18. 좋은 아내,
둘을 주신 하나님의 은총

◇

◆

나는 두 명의 아내 황정자(오정자)와 황부희(김부희)를 주신 하나님께 감사한다. 둘 다 좋은 아내를 주셨다고 믿는다. 자녀들보다 더 남편을 사랑한다고 자녀들이 불평하기에 그리 믿는다. 그들 두 사람에겐 많은 공통점이 있다. 장점도 단점도 같은 점이 많다고 느낀다. 그러나 공통점이 훨씬 많은 편이다.

남과 비교하는 것은 썩 좋은 일은 아니지만, 우리 형님 황동규 장로와 유승춘 권사는 92세, 90세로 백년해로의 복을 받았지만, 여기 두 사람은 그렇지 못하다.

나의 조강지처인 오정자 사모는 63세의 젊은 나이에 위암으로 먼저 떠나갔다. 그 후에 주신 김부희 사모 역시 남편 이철수 예비역 소령을 먼저 보내고 어린 삼남매를 다 길러 출가시킨 후에 나 같은 암 환자를 돌보는 선교사역자로 20년간 고생을 하고 있다.

두 사람의 장점은 신앙심이 투철하다는 최고의 은혜를 받은 자요, 똑

같이 남편 사랑을 위한 헌신이 남달리 강하다. 그리고 남편의 장점도 존중하지만 단점마저도 흠잡지 않고 흥보지 않는 신중함에 감사하지 않을 수 없다.

둘 다 부잣집 규수로서 전자는 군산여고를, 후자는 충남여고를 졸업한 자존감이 강하고 똑똑한 여성들이다. 상황판단이 남달리 밝으며 배짱이 좋고 남을 배려하는 마음이 너그럽고 나눠주기를 좋아하는 후방선교사의 기질을 가진 귀한 성품의 소유자들이다.

둘 다 스포츠 우먼이어서 전자는 학급 탁구선수요, 후자는 직업 배구선수 출신이다. 저들 두 사람의 마음은 바다처럼 넓고 하늘처럼 높다. 너무 칭찬이 지나쳤나? 아무튼, 두 아내에게 나는 '탱큐'라는 말 이외에 불평할 수 없는, 신세를 너무 많이 지고 살아가는 사랑의 빚쟁이다.

오정자 사모는 젊은 시절, 건강이 좋지 않은 상황에서 다섯 남매를 낳아서 기르는 중에, 우리가 그 당시만 해도 초신자여서 살인죄인줄 모르고 낙태를 시키는 시절이었다. 여섯째를 임신중절 수술을 함으로써 죄를 짓고, 귀가하는 중에, 다섯째 제수씨 황계선 씨의 미장원에 들렀을 때, 다음엔 낙태하지 말고 저에게 양자로 주세요!라는 간청에 자식이 없는 그를 불쌍히 여기고 승낙하고 왔다기에 형제 우애를 위해 그러자고 우리는 양해했다.

얼마 후에 다시 임신했을 때 그 약속이 생각나서 임신 중, 그때 유별나게 많은 고통을 받았다. 한 달 이상 잠을 자질 못하고 신음하며 고통을 받던 중에 드디어 12월 15일에, 여섯째인 황석호가 태어났다.

그 당시 나는 인천 원호지청장으로 사당동에 2층짜리 양옥집을 신

축하고 관용차로 인천고속도로를 통해 출퇴근하던 넉넉한 형편이었다. "여보 우리가 그냥 키우면 안 될까요?" 눈물로 호소하는 아내에게 엄한 말로 "의리를 지켜야지, 동생의 가정을 생각해야지"라며 단단히 마음먹게 함으로써 생후 3일 만에 양자로 보냈다.

그 눈물의 어머니가 바로 오정자였다. 지금 생각해 보니 나는 너무나 매정한 아버지였다. 부정과 모정의 차이를 잘 모르는 시절이어서 그랬을까? 아이를 보낸 어머니는 며칠 동안 잠을 이루질 못했다. 그리고 한 가지 사정을 어렵게 부탁해 오는데 그 당시 원호지청장이었던 내가 쓰는 관용차(경기 21호)를 하루만 사적 용도로 쓰자는 것이다. 그 이유는 아무래도 천호동에서 단칸방 세를 살고 있던 석호의 집(황철규, 김계선 동생네)에 다녀와야겠다는 것이다.

관용차의 사용이 금지되었지만 승낙하지 않을 수 없는 강청이었다. 기저귀 등 갓난아기 용품을 몽땅 사 가지고 다녀와서는 안심이 된다면서 슬픔을 잊는 듯했다. 그 방에 들렸을 때 연탄난로에다 더운물을 덥혀서 따뜻하게 아이가 누워 자는 모습을 보면서 안도했다는 것이었다.

그 후부터는 나에게 시간 나는 대로 조르는 것이 있는데 석호아빠 취직을 시켜 달라는 것이었다. 그 당시 취직이란 하늘의 별따기처럼 어려운 시기였다. 그럼에도 불구하고 날마다 기회 있을 때마다. 핏줄의 굶주림을 연상해서인지 어머니의 정은 대단함을 느끼게 했다.

하도 조르니 내 마음도 편할 리가 있겠는가? 나도 본청 총무과장에게 부탁해서 기회를 놓치지 않고 임시공무원 채용 시기를 포착, 부산원호지청에 동생 황철규를 취직시켰다. 다행스런 일이었다.

미국 이민 수속을 하는 중에 우리 형제 중에 가장 고통을 받은 자는 나였다. 다른 형제들은 순조롭게 비자가 나왔는데 나는 예외였다. 부양가족이 많으니 미국 초청자인 막내아우가 미군 졸병이어서 재정보증이 약하니 가장인 내가 먼저 이민 가서 생활 터전을 닦고 난 후 나머지 가족들을 데려가라는 미국 영사의 말이니 기가 막혔다.

아내는 그렇게 하라는 것이었다. 혼자서라도 먼저 떠나야 길이 열릴 수 있다는 계산이었다. 영적으로 해석하면 나는 예수님과 함께 도미하는 은혜의 기회였다. 그 당시 참으로 살아계신 주 하나님을 내 마음에 영접한 은혜의 계절이었기 때문이다. 고난을 거치게 되므로 더욱 미국 이민의 삶에서 주 예수님만을 신뢰케 하는 은혜를 깨닫게 하셨다. 남은 가족의 비자를 위해 아내와 나는 한국과 미국에서 얼마나 노심초사 했는지 소설로 한 권을 써야 한다.

나는 1976년 4월 10일에, 나머지 가족 7식구는 10월에 내가 워싱턴 주정부 공무원으로 취직 한 후에야 역사적인 이산가족 상봉이 이뤄졌으니 하나님의 은혜가 얼마나 컸던지 모른다. 할렐루야! 이때부터 시작된 아내 오정자의 고통은 남달랐다고 보여진다. 영어가 시원찮아서 운전면허증 얻기도, 취직하기도, 일하는 직장에서도 많이 힘들었다. 눈물로 오랜 세월을 보내면서도 사람이 워낙 똑똑하고 진취적이고 담대해서 잘 뚫고 갈 수 있도록 믿음을 주신 하나님께 감사한다.

그는 가족생활의 책임자였다. 돈을 꾸어도 갚아도 고난의 주인공이 바로 나의 아내였기에 지금도 생각하면 연민의 정으로 가슴이 멍하다. 그 후 꽃가게를 운영하면서 디자이너로 활동할 때나 테리야끼 식당을

황정자 사모와의 즐거웠던 시간

운영할 때나 내가 한국신학교에 유학할 때나 재정난으로 혼자서 고통하는 희생자였다. 그것이 원인이 되어서인지 유방암으로 고통하지 않았는가?! 그것 때문에 고생만 하다가 먼저 천국에 가지 않았는가? 하는 죄책감이 나를 오늘도 짓누른다.

투병할 때도 자연식품 요법에는 문외한이었던 우리는 서양 의사의 말만 믿고 멍청하게 따라 다녔다. 그러기에 불필요한 고통을 남달리 당하지 않았는가? 지금 생각해도 억울하다. 이제 고만하자. 다 지난 일인 것을!

그 오정자 아내가 떠난 후에, 바로 나도 폐암 판정을 받고 투병이 시작되었다. 셋째 딸 혜경이의 효심을 따라 세계 최고 권위라는 뉴욕의 스론케더링 암센타(Sloan and Kettering Cancer memorial Center)에서 투병을 시작했다. 그러면서 시애틀과 뉴욕을 6번이나 비행기로 왕래하면서 2000년 1월 15일에 왼쪽 폐에서 골프공 만한 크기의 폐암 종양을 절제했다. 그런데 오른쪽으로 전이되었기 때문에 앞으로 키모 치료를 받으면 최장 3개월은 생명을 연장받을 수 있다는 닥터 긴스버그(Dr. Ginsberg) 폐암 과장의 진단이었다.

나는 병상목회를 하면서 시애틀중앙침례교회에서 15년간의 목회를 2002년 마감하게 되었다. 그 후 다시금 선교사로 부름을 받고 한국 지리산 지역에서 전도하던 중에 원주에 홀로 살고 있던 김부희 권사를 알게 되었다. 교제하던 중, 미국에 2003년 봄 함께 들어와서 2003년 5월 10일, 새로운 선교파트너로 인생길을 개척해 나가게 된다. 전처 황정자와의 사별 후 5년이 지난 때의 일이다.

전혀 알 수 없는 입장의 두 남녀를 알게 된 것은 두 자녀들의 효심에 연유된 소설 같은 이이야기였다. 나의 조카 황수영은 그 당시 한국에서 사업을 하면서 지구촌교회에 다니고 있었으며, 김부희 권사의 딸 이은희는 그 교회 성가대 솔리스트로 함께 예배를 드리는 사이였다.

그 때 나의 조카 수영이가 이은희에게 발성법 개인지도를 받는 중에, 우리들의 이야기가 주제가 되어 중매하게 된 것이다. 잠시 잠깐 저들 두 딸을 하나님이 도구로 쓰셨다고 해석하니 하나님의 은혜가 너무나 크고 놀랍다.

우리 두 사람은 2002년 12월 8일에 만나서 서로 교제하던 중, 하나님께서 그 해를 넘겨서 다음해 1월에 경남 산청군 원순희 교회에서 노인학교 마지막 복음전도 1시간의 강사로 나를 원해 하나님이 잡으시는 것으로 해석하고 그 해를 넘기면서 두 사람은 연인 사이가 되었다. 그리고 담대하게도 김부희 권사를 따라 시집 식구들을 돌아가며 만나게 하셨고 그 이듬해 4월까지 한국에서 선교 사역을 마치고, 함께 미국에 들어왔다.

황부희 사모의 생신을 축하하고 있다.

19. 황부희 사모의 감사 간증

◇

◆

내 이름은 원래가 부자 되라고 외삼촌이 지어주신 김부희(金富姬)인데 2003년 5월 미국 시민 황선규 선교사와 재혼하면서 미국식 이름, 특히 시민권을 얻을 적에 黃金富姬(Bouhee, kim, Hwang) 로 변경되었다.

내 나이 60세부터 새로운 제2의 인생여정이 펼쳐졌다. 1994년 6월 23일 주안에서 너무나 행복하고 다복했던 우리 가정, 많은 성도가 부러워할 만큼 교회에서도 성가대 지휘자로, 주일학교 부장으로 충성스럽게 헌신했고, 육군 소령으로 근무하던 남편이 불의에 사고로 하나님 앞에 부름을 받았다.

그때 내 나이 42세였고 큰아들이 고 1학년, 딸 은희가 중2, 막내아들 병진이가 초등학교 5학년이었다. 이런 일을 내가 당한다는 것은 상상도 할 수 없었고, 있을 수 없는 일이라고, 이것이 꿈이지 생시가 아닐 거라고, 도무지 나의 마음에 인정할 수 없는 믿어지지 않는 일이 일어난 것이다.

얼마 동안 마음을 추스르고 하늘산 기도원으로 가서 일주일 기도하고 나니 주님께서 마음에 평안함을 주셨다. 먼저 간 이철수 집사와 함께 신앙으로 살려고 노력했고 무엇보다 부부간에 정말 뜨겁게 사랑했던 것, 부자는 아니었지만, 너무 행복하며 살았던 것들이 위로가 되었다.

그때부터 나의 삶이 바뀌었다. 하나님께서 언제 어느 때에 부르시는지 모르기 때문에 하루하루를, 순간순간을 하나님 앞에 잘 살아야 된다는 교훈을 얻었다. 혼자 아이들을 맡아 키울 일이 막막했지만 기도하면서 믿음으로 승리하고 간 남편을 생각하며 "주님께서 아이들을 책임져 주세요"라고 기도하면서 내가 해야 할 일들을 찾아서 열심히 생활했다.

하나님께서는 사업자금도 없고 경험도 없는 것을 아시고 몸으로 때우는 일들을 시키시는데, 동방생명(지금 삼성생명)에 소개로 입사하게 되어 처음에는 친지들을 통해서 보험모집을 했지만 열심히 개척해가면서 5년을 버티면서 주임까지 했다. 그러나 신앙생활에 도움이 되지 않아서 이직하고, 아동도서 계몽사출판사에서 나오는 교양서적을 많은 어린이에게 보급했는데 수입도 좋았다. 부녀과를 창설해서 재미있게 판매 활동을 하다가 건강이 좋지 않아서 건강식품을 먹다 보니 몸이 좋아지면서 건강관리 하는 교육도 받고 많은 사람에게 내가 경험한 식품을 권해주면서 돈보다는 건강관리 방면으로 활동을 하다 보니 신뢰도 얻고 신앙인으로 할 수 있는 직업으로 만족했다.

어느덧 아이들도 주님의 은혜로 공부도 잘하고 착하게 자라주어서 큰아들만 사춘기로 좀 힘들게 했지만 잠깐동안 방황을 해서 지방대학에서 졸업을 했고, 은희는 한양대 성악과에, 병진이는 경희대 영문학과를 졸업하고 나름대로 결혼해서 잘살고 있으니 감사드릴 뿐이다.

아이들을 모두 결혼시키고 나니 내 마음에 이제 나의 임무가 다 끝났으니 돈을 버는 일은 그만하고 주님을 위해 일할 수 있었으면 좋겠다는 생각이 들면서 "주님. 저 이제부터 돈 벌기 싫어요. 정말 저의 여생은 멋지게 여행도 하면서 주님 위해 일하고 싶은데 어떻게 해야 그렇게 사는 건지요?"

교회에서 나에게 성가대원으로 오래 있었고 나이도 있으니 성가 대장을 하라고 맡겨주셨다. 꽃꽂이를 오래 했더니 예배부장으로, 제2여선교회 회장으로 부족한 나에게 너무 많은 직분을 주셔서 감사하면서 감당하고 있었는데, 어떻게 더 주님의 일을 권사의 마음대로 할 수 없지 않은가?

그럴 때 하나님께서 사랑하는 딸을 통해서 미국 워싱턴 주 시애틀에서 70세에 은퇴하신 목사님을 소개 받았다. 목사님은 선교를 하신다고 한국에 복음 전하러 오셨다. 그 목사님의 조카딸이 내 딸 은희와 분당에 있는 지구촌교회에서 함께 성가대를 하면서 가까이 지냈다. 내 딸 은희가 우리 엄마가 혼자 계시니 좋은 분 있으면 소개하라고 했다. 마침 수영 집사 작은아버지께서 한국에 지리산 지역에 복음 전하러 오셨다고 해서 연결이 되어 만나 뵙게 된 것이 새로운 인생의 여정이 되었다.

우리 하나님은 정말 멋지신 분이다. 나는 하나님의 계획 속에서 하나님을 사랑하시고 영혼을 사랑하시는 열정적인 분을 만났다고 믿는다. 그분은 은퇴 후 폐암 말기의 판정을 받으셨는데도 선교 열정 하나로 한국에 와서 미자립 교회 목회자님들을 격려하셨다. 하나님이 역사하시지 않았으면 어떻게 강원도 원주 시골에 있는 권사와 미국에 계신 선교사님이 만날 수가 있었겠는가? 아무리 생각해도 주님께서 나의 작은 소원의 기도를 들으시고 역사하신 것이라고 확실히 믿을 수밖에 해석이 안 된다.

나는 설레는 마음으로 선교를 어떻게 하시는 건지 아무것도 따져 볼 것도 없이 믿음으로 선교하신다니까 따라왔을 뿐이다. 시애틀이 어디에 있는지도 모르고 무작정 따라나섰는데 하나님께서는 하와이에서의 멋진 여행을 준비해 놓으셨다. 하와이는 어느 목사님을 만날 계획으로 가셨지만, 그분이 한국으로 나가서서 만나지 못했고, 결국은 우리가 함께 신혼여행을 하도록 준비하신 것이 아닌가 생각이 든다.

하와이는 너무도 아름다운 꽃들과 나무들, 한국에서는 보지 못했던 멋진 경치에 나는 황홀해서 꿈을 꾸는 것 같았다. 목사님 큰아들이 예약해줬다는데 너무도 아름다운 위치에 있는 호텔은 통유리로 되어있어 바다가 눈앞에 보였다. 파란 바닷물과 하얀 물거품이 춤을 추며 밀려오는가 하면 쌍무지개가 아치를 그리며 우리를 축복하며 반겨주는 것 같았다. 하나님께서 우리의 시작을 이렇게 기뻐하시고 축복해 주시는 것을 느끼면서 너무나 감격했다.

정말 하나님께서 역사하셔서 어떻게 선교회를 운영하는지 후원자를 얻어야 하는지 아무것도 모르는 상태다. 그렇지만 사랑하는 노종을 통해서 교회에서 했던 '일대일 동역선교'를 은퇴 후 진행시키시기 위해서 엎드려 기도할 때마다 지혜를 주시고 추진력도 주셨다. 목사님은 응답되면 즉시 행동으로 실천하시는 분이시다. 때로는 나의 믿음이 약해서

황선규 목사 부부가 이도령과 춘향처럼 한복을 입고
즐거운 시간을 갖고 있다.

믿고 따르기가 힘든 부분이 있었지만, 믿음으로 순종하며 따라갈 때 그대로 이루어지는 것을 많이 경험하면서 믿음이 커나갔다.

처음에는 한국에 아무도 오라는 사람도 없이 무조건 나가서 만나주는 목사님들과 만나, 기도하고 잠자리도 없어서 모텔에서 자고, 그 이튿날이면 가방을 들고 나와서 다른 곳으로 옮겨 다녔다. 때로는 어느 목사님의 안방에서도 자고, 찜질방에서도 자면서, 찜질방에서도 잠을 자는 많은 사람의 형편도 생각해 보는 경험도 해보았다. 정말 많은 분의 집에서 잠을 자면서 사역을 했다.

황 목사님은 6.25 참전 용사로 백마고지 전투 때 크게 부상을 당하셔서 상의보상연금이 나오는 것과 가족들의 협력으로 선한목자선교회를 시작하셨는데, 지금은 104개의 나라에 전방선교사 1,650명, 후방선교사 1,650명. 합해서 3,300명의 선교사를 섬기는 것을 생각하면 정말 상상도 하지 못했던 일이다.

하나님께서 전적으로 우리를 사용하시어 일하셨고 많은 사람을 붙여주셨고 자비량으로 섬기는 스태프들의 헌신을 보면 눈물 나게 귀하고 감사한다. 어느 선교단체에서도 이렇게 자비량으로 모든 스태프들이 헌신할 수 있을까? 그뿐인가 자기 집을 선교관으로 내어 놓고 사무실로 사용하고 있다.

하나님께서는 특별하신 은혜로 우리에게 페더럴웨이 다운타운에서 5~7분 거리에 모든 편리한 일들을 볼 수 있는 곳에 아담하고 예쁜 집을 선교관으로 쓸 수 있도록 집을 주셔서 많은 선교사를 섬길 수 있는 특권을 주셨다. 선교사들을 섬기다 보니 그들의 사역을 함께 나누며 선교지에서의 그들의 열악한 환경을 함께 방문하여 사역지를 돌아보면서 얼마나 나 자신의 부족함을 느끼게 되는지 모른다.

황 목사님은 이런 선교사들을 얼마나 사랑하시는지 결혼 후 계속 몸이 연약한 가운데 중국 해남도에서 선교회를 위해 함께 한 달간 기도를 시작하면서 그때부터 기적이 일어나기 시작했다. 막내아들이 사업체를 팔아서 십일조를 하는가하면 나는 방언기도와 찬송이 터지는 역사가 일어났다. 한 달간 기도하고 선교지를 다니면서 선교사들을 방문했다.

특히 몰도바 이태형 선교사를 방문하려고 비행기 표를 끊었는데 병원에서 가지 못하게 한다. 폐에 물이 찼기 때문에 안 된다는 것이다. 그런데도 목사님께서는 절대 가겠다는 것이다. 하나님이 허락했으니 티켓을 사게 하셨다면서 무시하고 병원에 가지 않았다. 그 이튿날 병원에서 전화가 왔다. 약국에 가서 물 빼는 약을 가지고 가라고 했다. 결국 몰도바에서 기침을 심하게 했고 뉴욕을 거쳐 무사히 시애틀에 도착하자마자 병원에 입원, 심장수술을 받았다.

이런 일들은 그 후 남미의 볼리비아 코차밤바와 파라과이를 다녀와서도 똑같은 현상으로 시애틀에 도착해서 집에 들어와 앉자마자 병원에서 수술을 하는 일이 4~5번이나 되는 등 자기의 몸도 돌보지 않고 생명 걸고 일하시는 분과 함께 사는 사람도 많이 힘이 들고 긴장해야 한다.

한번은 서울에서 사역할 때 판교 어느 교회에서 초청받고 말씀 전하러 갔을 때 일이었다. 그날은 비가 왔는데 우리는 택시에서 내려서 담임 목사님과 인사를 나누고 걸어가는데 목사님이 남의 가게 앞에서 그냥 주저앉아 버렸다. 가끔 뇌혈관과 목 혈관이 막혀서 버스나 택시를 오래 타고 내릴 때 피가 빨리 뇌로 올라가지 않아서 오른쪽 몸을 중심을 잡을 수 없어서 넘어지는 일이 종종 있었다. 이런 몸으로 겁도 없이 6년 넘게 비행기를 타고 해외 선교지를 다니고 한국에서 활동을 했는지 참으로 아슬아슬한 순간이 많았다.

한번은 한국사역을 마치고 안양 중앙교회 선교관에서의 일이다. 김 목사는 이삿짐이 오는 관계로 우리보다 이틀 먼저 시애틀로 갔는데 새벽 2시경에 화장실에서 나오시면서 숨이 차서 헐떡헐떡 몰아 쉬는데 금방 숨이 멎을 것 같아서 119를 불렀다. 안양병원 응급실에서 물을 빼고 나니 병원에서는 위험하다고 퇴원을 시킬 수 없다고 한다. 중환자실에서 면회도 할 수 없는데 보호자인 나를 불러서 수술을 해야 한다고 한다.

목사님께서는 절대 한국에서는 할 수 없다고 미국에 가야 한다고 하고 담당 여의사는 눈물을 흘리면서 아버지 같은 분이시기 때문에 말씀드린다고 나가시면 돌아가실 수 있다고 치료비 때문이면 자기가 기독병원에 소개해드릴테니 꼭 병원에서 수술을 받으라는 것이다.

한참 설득을 했지만 목사님이 완강하게 거절하셔서 책임지겠다는 사인을 하고 나올 수가 있었다. 주님께 무사하기를 기도하면서 하룻밤을 보내고 비행기 표를 목사님 것을 일등석으로 바꾸고 11시간을 타고 왔던 순간을 생각하면 너무 길고 긴장된 시간이었다. 공항에 미리 대기시켰던 앰뷸런스로 UWMC로 가는 등 선교지 다녀올 때마다 무사히 온 날이 별로 많지 않게 느껴진다. 병원에 가면 중환자이지만 그런 건강에 얽매이지 않고 경환자처럼 생명을 걸고 열정적으로 다니면서 사역을 했기 때문에 하나님께서 역사하신다.

2019년 1월에 서울에서 선교후원의 밤이 계획되어 있는데 코비드 19가 막 퍼지기 시작하여 모임도 할 수가 없다고 한국 스태프들 모두 2월로 미루자고 했다.

갑작스런 위기 상황에서 대표인 황 목사님의 결단이 필요했다. 사실은 갈 수가 없는 상황이었다. 그때 목사님께서 88세에 '1:1 동역선교' 라는 새로운 패러다임을 교회들이 받아들이도록 하려면 논문화해야지 그대로 두면 본인이 은퇴하고 후임들이 잘못하면 없어질 수 있기 때문에 논문을 써야 한다고 세계적으로 유명한 선교대학원인 Fuller에서 3년간 공부를 마치고 논문을 마무리하는 때였다.

나이를 초월하고 뜨거운 선교열정으로 가득찬 남편 때문에 보호자로 청강생으로 배우면서 많은 것을 터득했다. 그때 치아도 치료하는 중이라 식사도 할 수 없는 형편이라서 어떻게 이 어려운 위기를 넘겨야 하는지 우리는 집중기도를 하기로 했다.

나는 기도 중에 이사야 41장 10절 "두려워하지 말라 내가 너와 함께 하리라 놀라지 말라 나는 네 하나님이 됨이라 내가 너를 굳세게 하리라 참으로 너를 도와주리라 참으로 나의 의로운 손으로 너를 붙들리라."는 말씀을 주셨다.

우리는 즉시 티켓을 사고 행사에 맞춰서 한국에 가서 행사를 위해 스태프들에게 힘을 실어 주면서 진행한 결과 놀라운 역사가 일어났다. 50명 모임에 100명이 넘게 모여서 이용희 교수님의 기도로 시작해서 황 목사님의 호소에 많은 사람의 마음 문이 열리고 어려운 상황에서 순종하고 나아갈 때 하나님의 역사하심이 대단했다. 100명이 넘는 후원자를 얻었다는 것은 우리가 19년 사역하는 동안 한 번도 경험하지 못했다. 믿고 주님 말씀에 순종했을 때 하나님께서 역사하심을 다시 한번 경험했다.

하나님께서 우리 명의로 되었던 집을 19년 동안 선교관으로 사용했었는데 선한목자선교회 명의로 모두 드렸더니 마음도 기쁘지만, 하나님께서는 우리의 모든 생활을 책임져 주셨다. 너무 감사한 일이다.

89세 나이가 되어서도 선교후원을 65명이나 할 수 있어서 너무 감사하고 허락하시면 70구좌 하겠다는 소원을 들어주셨으면 감사하겠다. 자녀들뿐만 아니라 손주들까지 용돈으로 생활비를 보내줌으로 할 수 있다는 것이 너무 감사하다.

나의 오늘까지 20년의 삶을 돌아보면 너무나 멋지고 보람 있는 삶이었다. "인생의 마지막 파트너로 하나님을 사랑하여 선교에 온몸과 생명을 아끼지 아니하고 물질까지도 온전히 다 헌신하다 못해 자녀들을 통해서 온 가족이 헌신할 수 있도록 모범을 보이시면서 도전하여 GSM 선교회를 든든하게 이끌어 갈 수 있도록 영향력을 불어 넣어 정말 많은 사람의 부러움을 사는 모델이 되어주신 우리 목사님, 정말 자랑스럽고 존경하고 사랑합니다."

19년 사역을 마치고 후임 김경식 목사에게 국제 대표를 물려주고 후진들을 위해서 기도해주고 투병하는 일이 사역이다. 논문도 영어로 번역해놓았고 자서전도 마무리하는 단계에서 나에게도 기회를 주셔서 이 글을 쓰게 되었다. 글재주도 없는데 글을 잘 쓰지를 못하여서 잘 표현이 안 되었지만, 마지막 순종하는 마음으로 이 글을 쓰고 있다.

투병하는 일을 돕는 일이 마지막 나의 사역이다. 사랑하고 존경하는 남편의 건강을 위해서 최선을 다하고 싶다. 너무 아름답게 평생을 사신 주의 종의 세월이 가는 것이 아쉽다.

"신장만 건강하면 맛있는 음식도 더 잘 해드리고 싶건만 때마다 맛없는 음식을 드려서 죄송해요.

당신은 너무 멋지고 하나님께서 특별히 사랑하시는 종입니다. 자녀들도 효심이 지극하고 손주들까지도 할아버지를 존경하고 너무 부러울 정도로 축복 받은 가정에 일원이 된 것 너무 감사해요.

남은 세월을 당신이 말했듯이 하루하루 순간순간을 소중하게 행복한 시간들을 보내기를 원하고, 하나님이 부르시는 그 순간 주님께서 당신을 반기시며 목사님을 위해 예비하신 면류관을 받아쓰시는 모습을 상상하며 너무 자랑스럽고 부럽습니다,

당신이 좀 더 나와 함께 오래 머물기를 소망합니다. 목사님과 함께 있을 때 나의 존재가치가 더 있으니까요. 여보! 20년간 너무 사랑받고 멋지게 하나님 일할 수 있었던 것 너무 감사해요. 사랑해요."

황선규 목사의 동생인 (고)황병규 장로의 2남 1녀 중 막내인
앤디황 페더럴웨이 경찰국장은 미국 최초의 한인 경찰국장이다.
자랑스러운 한인으로서 워싱턴 주 한미연합회에서 상을 받고 있다.

20. 한국전통의 세배와
아버지 생일파티

◇

◆

한국을 떠나온 지 46년이 지났다. 1976년 4월 10일, 온 가족 8명 대표로 44세 가장인 나 혼자만이 미지의 땅, 미국 워싱턴 주 시애틀로 이민을 왔다. 그때만 해도 한번 미국에 들어가면 다시 돌아오지 못하는 곳이라고 생각되던 시절이었다. 그래서 어머님과 가족들, 그리고 가까운 친구였던 지성한 대령이 김포공항에서 전송해 주었던 기억이 난다.

한국을 떠나올 적에 우리나라는 어렵게 살던 때였다. 그러나 고국보다 좋은 나라는 없었건만 동경하던 미국에 가서 좀 더 잘 살아보자, 아이들 교육을 잘 시켜보자 하던 차에 막내동생 황충규가 월남 기술자로 가 있다가 미국시민권자인 한국여성과 결혼하고 미국 군인 신분을 취득 후 시민권자가 되어 형제 초청을 할 수 있게 된 것이다.

이 아우에게는 형제 우애와 적극성이 남달라서 열심히 미국 이민을 선전하고 도우니 우리 형제 온 가정에 회오리바람처럼 이민 바람이 불어 닥쳤다. 제일 먼저 진취성이 있고 생활이 어려운 형제부터 들뜨기 시작했다. 점점 그 영향이 우리 가정 전체에게 번지면서 전 가족 이민의 길이 열리게 된 것이었다.

미국 이민 길은 돈 없는 우리 형제 같은 사람에겐 고생길이었다. 그러나 우리 가족에겐 새로운 기독교 신앙으로 무장하는 기회를 주셨다. 그것은 돈보다도 더 중요한 하나님의 보호와 인도하심을 따라가는 온전한 길잡이다. 따라서 이민 초기에 크리스천 교회와 이민 선배의 도움을 받을 수가 있었던 것이다.

미국 이민생활을 한마디로 요약하라면 46년 동안 하나님께서 보호 인도해 주셔서 자녀들의 교육과 삶, 풍요로운 자유민주주의 국가에서의 인간다운 삶과 참가치를 누리며 살아왔다고 말할 수 있겠다. 특별히 하나님의 은혜와 부르심으로 기독교 선교사로서의 삶과 장차 들어갈 영광스런 영생의 나라를 생각하면 오직 하나님의 은혜라 고백함이 마땅하다. 여기에서 한국의 아름다운 전통 몇 가지를 즐기고 있음을 자랑하고자 한다.

첫째는 한국의 세배문화를 지키면서 사는 재미이다. 양력 정월 초하루가 되면 부모의 집에 온 자녀와 손, 자녀들이 고유의 한복을 입고 아침에 나타난다. 그리고 먼저 선교사 아버지의 주관으로 하나님 아버지 앞에 새해 감사예배를 드린다. 그다음엔 어머니가 마련한 고기 떡국과 부침개 등으로 애찬을 나눈다. 그런 다음엔 부모에게 먼저 가족별로 5남매가 위계질서에 따라 한국식으로 세배를 드린다. 그리고 덕담을 나누며 성년자녀들로부터는 용돈을 받기도 하고 세뱃돈을 주기도 하면서 축복한다.

그다음 순서가 재미가 더 있다. 각 가정마다 세뱃돈은 주는 방식이 각기 다르기 때문이다. 제비를 뽑아 큰돈을 받아가거나 퀴즈로 더 주기도 한다. 어떤 부모는 한 뭉치 돈다발을 공중에 살포하여 아수라장을 만들기도 한다. 참으로 희희낙락한다. 그런 다음 각자 자기들의 친정부모, 장인장모에게 세배를 떠난다.

이러한 즐거운 모임이 일 년에 여러 번 정해져 있다. 가을에 다가오는 추수감사절(Thanksgiving)에는 둘째 딸네 집에서 매년 모인다. 바닷가 저택이어서 그리고 그 딸이 디자이너 출신이어서 환경과 식단을 아름답고 푸짐하게 조성하고 대접할 줄 알아 모두들 즐거워한다.

그리고 얼마 후엔 성탄절의 계절이다. 그때가 되면 매년 큰아들 정호의 집에서 성탄 전날 12월 24일 밤 소위 크리스마스 이브에 모인다. 징글벨 징글벨이 울려 퍼지는 흥겹고 즐거운 성탄절 시즌이다. 자녀들, 손주들이 크리스마스트리와 장식에 복장들도 성탄절다운 분위기로 즐긴다. 맛있게 마련된 만찬을 차려 놓고 성탄 찬송과 간단한 예배 후에 즐거움을 만끽한다.

한 가지 빼놓을 수 없는 것은 1년에 한번 가을 행사로 가족 감사예배의 날(Hwang's Memorial Service)을 빼놓을 수 없다. 가을 마지막 휴가철이 끝나는 8월 마지막 주일 오후 4시로 정하여 온 황씨 문중 70여 명이 모인다. 이날의 모임은 황씨 가족묘지가 있는 어번 시립 공동묘지(Auburn City Mountainview Cemetery)에서 만난다.

한 해 동안 선히 보호 인도하신 하나님 앞에 둘째 황선규 목사의 주관으로 정중하게 감사예배를 드린다. 영어권을 위해 제임스황 목사가 간단히 통역한다. 참으로 영광을 받으실 주 하나님의 은혜를 감사 찬양한다. 늘 순서의 하나로 맏형 황동규 장로의 기도와 덕담의 훈시는 금년 2021년 3월 16일 92세를 일기로 천국 입성을 하셨기에 더 이상 들을 수 없는 형편이 되어 아쉽다.

한 가지 특기할만한 가족 행사의 하나는 나의 생일잔치이다. 호적상의 나이는 1932년 7월 29일이다. 그러나 실제 나이는 임신년 2월 6일이다. 양력으로 환산하면 1932년 3월 12일생이다. 몇년 전까지는 호적상의 나이로 생일파티를 하였다. 그러므로 자녀들과는 상관없이 매년 교회에서 한번, 내가 한번, 선교대회에서 한번 등 케이크 하나 놓고 1년에 3번씩 생일파티를 하곤 하였다.

그러나 약 5년 전부터는 큰아들의 집에서 한국 전통적 방식으로 진짜 생일인 3월 12일에 슬하에 있는 자녀들과 형제들과 조카들까지 합하여 하기로 하니 의미도 있고 집안 잔치가 되어서 푸짐하기도 하여 좋았다.

그러던 중 코로나19 팬데믹으로 말미암아 작년에는 직계 자녀들만으로 축소하니 또한 그런대로 좋았다. 이때 사진을 찍어 둔 것이 88세 미수와 90세의 구순 잔치이다. 우리는 언제나 모이면 하나님을 향한 감사예배가 우선이다. 그리고 100불 이하의 선물만 허용한다. 부담을 주지 않기 위함이다.

나는 모이는 것을 좋아하여 나와 관련, 모든 한국전통의 축하잔치를 한 번도 거르지 않고 다 찾아 먹었다(?)고 표현함이 옳다. 곧 60세 환갑

잔치, 61세 진갑 잔치, 70세 칠순 잔치, 77세 희수 잔치, 80세 팔순 잔치, 88세 미수 잔치, 90세 구순 잔치이다. 너무나 의미 있고 좋았던 것은 온 자녀와 혹은 집안들이 함께 모여 즐길 수 있고, 하나님께 감사예배를 비롯하여 가족 화목과 단합과 축복의 기회가 되었다는 점이다. 이제 더 하나 99세 백수 남았는데 결코 바라지 않는다!

이런 여러 가지 생일잔치는 한국 고유의 전통에 따르는 것이기에 한국 나이로 계산하는 사람은 가능하지만 만으로 계산하길 좋아하는 사람은 처음부터 찾아 먹기 어렵다. It's up to you! 당신의 생각에 달려있다. 아예 자녀를 너무 사랑한 나머지 괴롭게 하지 말자! 결단하면 처음부터 한국의 전통은 잊어 먹는 것이 좋으렸다! 그러나 나는 이것들을 지켜서 손해 봤다고 생각하지 않는다.

오히려 우리에게 가족을 주시고 서로 화목하고 효도하고 우애하고 무엇보다도 생명과 생활의 여백을 즐기며 그런 기회주신 영광의 하나님께 감사 찬양하는 기회를 꼭 찾도록 권하고 싶은 것이다. 아멘!

뉴욕 외손녀 오신영과 함께

21. 복된 자녀, 손들을 통한 용돈

목회를 하던 때에 한 가지 깨달음을 주셨다. 그것은 자녀들로부터 용돈을 받는 일이다. 나는 말과는 달리 자녀 교육에 대하여 무관심하지 아니하였으나 깊은 관심이나 배려는 부족한 자녀교육 실패자의 한 사람이다. 자녀교육에 인색했음에도 불구하고 저들에게서 용돈은 받겠다니 이치가 어그러진다. 그러면서도 이런 생각을 했던 것이다.

그 이유는 이러하다. 하나님을 섬기는 성도는 하나님 앞에 사랑의 마음과 그 표현으로 물질을 제물로 드리는 것을 당연하게 여긴다. 십일조를 비롯하여 감사헌금, 구제헌금, 선교헌금과 기타 등등이다. 돈 없이는 교회를 다닐 수 없다는 말을 할 만큼 여러 종류의 헌금들이 필요한 게 사실이다. 이처럼 마음과 물질과 헌신으로 봉사할 줄 아는 성도를 하나님은 가까이 하신다고 성경은 말씀하신다.

사람 사이에서도 부모에게 효도를 하거나 형제간에 우애를 하려면, 혹은 이웃과의 좋은 인간관계를 가지려면 마음과 물질로의 봉사가 필요한 것을 모르는 사람은 없다. 에베소서 6장 1절에서 3절에 보면, "자녀들아 주안에서 너희 부모에게 순종하라 이것이 옳으니라 네 아버지와 어머니를 공경하라 이것은 약속 있는 첫 계명이니 이로써 네가 잘되고 장수하리라"

부모를 순종하고 공경하기 위해서 마음뿐만이 아니라 물질로 공양해야 함은 너무나 당연하다. 이처럼 행하는 자에게 건강과 장수와 모든 일이 잘되는 복을 주신다고 하나님은 약속해주고 계시다. 하나님의 말씀은 진리이다. 변하지 않는 사랑이시다. 그러므로 그 말씀 따라 살아가는 것은 복 받는 일이다.

나는 1980년대 목회하는 중에 이 말씀이 내 마음에 꽂혔다. 내가 주하나님을 위하여 헌신하되 특히 남달리 헌금을 많이 하려는 마음을 가지고 실천하려고 하였다.

자녀들도 이 효도와 축복의 규례를 지킴으로써 다같이 장수하며 복받는 생애를 살기 소원하는 마음을 주셨다. 그래서 아이들이 대학을 졸업하고 취직하여 돈을 벌 때부터 염치가 없었지만, 아버지에게 용돈 100불씩 주기를 요청하게 되었다.

물론 아내는 반대했다. 학비도 제대로 주지도 못했으면서 저들의 박봉에서 용돈을 요구하니 아무리 복 받게 하려는 의도라 하더라도 잔인(?) 하고 애처로운 생각이 든다는 것이다. 그럼에도 불구하고 강요하지는 않았지만 자녀들 5명으로부터 자원하는 자로부터 월 100불씩 받기 시작했다. 성질이 급하고 효심이 뛰어난 뉴욕의 셋째 딸에게서 먼저 크레디트카드가 보내왔다.

그 당시엔 주유소에 있던 카드결재 통에서 매월 현금을 20불짜리 5장을 찾고 낮은 목소리로 아내 앞에서 감사와 축복기도를 한 후, 호주머니에 넣으니 기분의 훈훈함은 표현할 길 없이 기뻤다. 그러나 아내는 좀 어색한 표정이다. 왜냐하면 앞서 말한 대로 그 돈 받는 것을 반대해 왔으니까. 이런 일이 카드 숫자가 늘면서 달마다 진행되었고, 해를 거듭하면서 인플레이션을 감안, 자동 인상해서 매달 120, 140, 150불을 3년 만에 받게 되었다. 그때 가장 인색한 한 딸로부터도 처음으로 받게 되니 한 달 수입이 750불에 이르렀다. 그러던 중에 나이 70세가 되어 폐암 말기라는 중병으로 투병하면서 15년 목회를 은퇴하게 되었다.

그리고 이태형 선교사의 간청에 따라 구소련 몰도바 선교지를 외손자인 중학생 서은식을 데리고 갔을 적에 교회에 병설된 내과, 치과 병실의 의사와 간호사를 위한 선교금 월 500불을 약속하게 되었다. 그 선교비의 출처는 바로 자녀들에게서 받아 오던 750불이었다. 그래서 그 후 선한목자선교회가 조직되는 동기부여가 되었다는 역사가 일어나게 되었다.

지나서 생각해보니 자녀들로부터 받던 그 용돈은 이때를 위해 예비해 주신 여호와이레와 같은 사건이었음을 알 수 있다. 아멘.! 이 스토리는《평생선교사》책에 상세히 기록 되어있다.

자녀들로부터 받는 용돈은 너무나 간단하고 쉬운 일인데도 불구하고 이를 실천하는 분들은 크리스천 가운데 별로 없다는 생각을 하니 이상하다. 내가 존경하는 K 박사는 워싱턴침례신학대학 학장 당시에 나의 이런 소탈한 간증이 흥미롭다며 사모님에게 소망을 말했다가 도리어 핀잔을 들었다는 것이다. 그의 두 따님은 미국의 유명한 대학의 교수로 그 당시 연봉 15만 달러 이상의 하이클래스임에도 지금까지도 부모님이 식사를 사 준다기에 한 이야기이었던 것이다.

어느 K 선교사 한 분은 나를 보고 특별히 이상하다는 것이다. 보통 부모들은 다른 사람한테 얻은 것을 가지고 자기 자녀들에게 나눠 주길 좋아하는데, 황 목사님은 그 반대로 자녀들의 것을 얻어다가 남들에게 나눠 주기를 즐거워한다는 것이다. 뒷말은 사실이다. 왜냐하면 주님께서 원하시는 바요, 이 일을 위하여 돈을 열심히 벌어야 되고, 축복의 통로가 되므로 하나님의 선교에 영광스럽게 사용되어 하나님을 가장 사랑하고 영화롭게 할 수 있기 때문이다.

그 후 이 용돈 제도가 얼마 동안 사라졌다가 몇 년 전에 되살아났다. 2021년부터는 은퇴 후가 된지라 아내의 권면에 따라 우리 가정의 예산서의 재정수입에 포함되었다. 그 대강을 말하면 자녀들 9가정에서 월 150불씩(연간 $1,800), 대학졸업자 10명 손, 자녀들로부터 월 100불씩(연간 $1,200)을 받되, 좀 더 넉넉하게 주는 자녀들도 있어 그 수입은 참으로 풍성하다.

그 외 한국에서의 상이연금, 아파트임대료, 미국 목회연금, 미국 사회보장연금 등을 합하여 월 약 1만 달러가 되니 얼마나 풍성한가?

그것들의 용도는 첫째는 선교후원금 6,000불(60구좌 X $100)과 나머지 4,000불 중 1,000불은 생활비, 나머지는 헌금과 선한 일을 위한 지출이다(갈 6:9-10). 이와 같은 사정을 감안하면 나는 생애를 통해 지금처럼 후회함이 없고 평안하고 자녀, 손들과 함께 장차 하나님의 크고 높으신 축복을 바라보며 감사하며 풍족했던 때가 없다. 지금이 평생 최고라고 부르짖지 않을 수 없다.

이제는 영광의 나라에 이르러 주님의 상급의 심판대 앞에 당당히 서는 자신을 산 소망 중에 바라본다(딤후 4:6-8).

'21 시애틀 GSM 세계 선교대회'에서
인도네시아 윤요한 선교사 부부가 선교 보고를 하고 있다.

22. 자녀, 손을 위한 축복기도

◇

자녀, 손들을 위한 나, 할아버지, 목회자, 선교회장의 기도는 반드시 응답될 것을 확신한다. 이는 주 하나님의 약속이기 때문이다.

그 응답의 시기에 대해선 난 잘 모른다. 영광의 주님의 소관이라고 믿는 까닭이다. 하나님을 사랑하는 자를 그가 사랑하고 그에게 구하고 찾고 문을 두드리는 자에게 반드시 응답하신다. 특별히 하나님이 가장 기뻐하시는 것을 구하는 자에게 반드시 응답하신다. 그가 가장 기뻐하시는 것은 하나님의 선교이다. 하나님의 선교는 두 기둥인데 하나는 사회구원(Social Responsibility)이고 또 하나는 복음전도(Evangelization)이다.

우리 가정은 바로 이 일에 부름받고, 최선을 다한 가족이므로 이 선한 일을 위해 늘 기뻐하시고 풍성케 하셔서 하나님의 궁극적인 영광을 위해 모든 일에 응답하심을 믿고 있다.

1. 우리 가족과 자녀, 손들이 하나님이 기뻐하시는 하나님의 선교를 떠나서는 안 된다.
2. 하나님의 선하신 선교에 개인적으로 가정적으로 적극 개입하여 헌신해야 한다.
3. 가족뿐만이 아니라, 다른 사람들을 위한 헌신에 협력하고 도움을 주어야 한다.

우리 하나님은 그의 가장 기뻐하시는 통전적, 전체적 하나님의 선교에 헌신하는 우리 가족을 축복하실 것으로 믿어 의심치 않는다. 아멘!

날마다 호흡이 있는 동안 위의 사명에 최선을 다할 것으로 결단하고 준행하기에 최선의 삶을 살도록 노력할 것이다. 그리하면 자자손손을 통해 하나님 축복의 응답을 받는 것은 명명백백하리라! 예수님의 이름으로 기도합니다! 아멘!

23. 행정학 공부의 손익계산서

5.16 군사정변이 1961년 5월 16일에 박정희 육군 소장 주동으로 일어났다. 그 후에 '국가재건 최고회의'라는 혁명통치정부 산하에 중앙정보부(CIA)와 재건국민운동본부 두 기관이 혁명과업 완수를 위해 중요 정부기구로 탄생했다.

나는 그 당시에 육군소령으로 퇴역했기에 새로운 시절을 맞게 되었다. 공채시험으로 국가재건국민운동본부(본부장: 유진오 박사) 운영국의 조사과장 보직을 얻게 되었다. 우리 과 직원들은 10명으로 채워졌는데, 대부분 서울대, 연세대, 고려대, 출신 등 명문대학 출신들로서 한 가지 특징은 모두가 행정에 대해선 문외한이란 사실이었다.

우리 과의 업무로 간단한 기구조직 도표와 규정이 있을 뿐이었다. 과장인 나 자신도 대학에선 법률학을 공부했고, 군대에서는 일선 중대장 등 병과에서 일했을 뿐, 행정에 대한 경험이 전혀 없었으니, 한마디로 무식한 행정가로서 조사과장을 맡은 것이다.

답답하기 그지없는 처지가 안 되어 본 사람은 알 길이 없으리라. 어느 정도라도 지식이나 경험 등의 토대가 전혀 없는 상태에서 아침에 출근하면, 과원들은 나의 지시만 기다린다. 하도 답답하여 직속상관인 운영국장 당시, 육군중령에게 명령과 지시를 청했더니 그도 대대장 출신으로 행정을 전혀 모른단다. 그래서 스스로 생각해 낸 것이 우리 기관 산하로 두 부류의 기관이 있었는데, 하나는 행정조직으로 각 지방행정기관이고 예컨대, 내무부 산하 각 시·도·군 단위 행정기관이고, 다른 하나는 정부국영기업체 등 기관과 단체조직이었다.

예컨대, 서울특별시 국가재건국민운동 촉진회 혹은 충청남도 국민운동촉진회 혹은 제주도 서귀포군 국민회의촉진회와 같은 지방행정기관의 조직이며, 한국전력주식회사촉진회가 정부의 국영기업체 조직의 하나의 예라 할 수 있겠다.

저들 정부행정기관이나 국영기업체 단체 기관이든지 간에 국민운동 촉진회의 조직도 함께 존재하게 되니 우리 국민운동본부에서는 각 기관, 단체의 촉진회를 통해 국민운동의 일환인 예컨대 새마을운동 등을 실천, 촉진하고 보고를 받기도 하였다.

그러기 위해선 각 기관장들의 신상명세서가 필요하다는 마음이 생겨 제일 먼저 그 신상명세서 인쇄를 하게 되니 지금 생각해도 창의적 아이디어가 조사과의 첫 과제로 일을 시작하였다. 당시 본부장이신 유진오 박사는 고려대학교 총장 출신이어서 그런 행정에 대해서 알고 계셨다. 이처럼 행정의 문외한으로 힘들어하는 중에, 행정학 공부에 대한 열정이 자연히 분수처럼 솟아올랐음은 당연한 본능의 욕구였을 것이다.

그 후 본격적으로 다뤄야 할 정부행정기관인 '군사 원호청'(국가보훈처로 개명)의 일반 공무원인 사무관으로 제10회 국가전형고시를 통과함으로써 특채의 영광을 누리고 국가보훈처 일반 고급공무원이 되었다. 그 당시 보훈처 장관이신 민병권 중장은 나를 귀히 여겨 특별히 마산원호지청장으로 승진 발탁하기로 작정하셨는데, 감사하였음에도 불구하고 이를 사양함으로써 사무관(정부중앙관서 계장급)에서 서기관(정부중앙관서 과장급)으로 진급하는 일에 3년 이상 고통을 당했으니 왜 그랬을까? 다른 이들은 이해하지 못하리라.

실상은 위에서 말한 것처럼 국가재건국민운동본부 조사과장 당시 행정을 너무 할 줄 몰라서 심한 부끄러움으로 마음 고생을 하였기에, 마침 서울대학교 행정대학원이 곧 개학되리라는 소문을 듣고 석사학위 공부를 해야겠다는 각오를 다지고 있었던 때였다. 그러니 진급도, 장관의 특별한 청도 거절하는 우를 범했던 것이다. 지금 생각해도 너무나 어리석은 결정이었지만 그 후 장기전으로 볼 때 오히려 전화위복이 되는 유익을 보았다 할 것이다. 물론 그 일로 인하여 서기관은 물론 이사관(정부중앙관서 국장급) 진급도 늦어지는 손해를 많이 보았다.

그러나 서울대에서 행정학 공부를 마친 후에는 행정 전문가로서 원호처에선 기획행정에 독보적 존재가 됨으로써 서울대, 연고대 등 일류 대학 출신들을 수하에 동역자로 쓸 수 있게 됨으로써 부처 행정에 크게 기여할 수 있었다는 점은 괄목할 만하다.

뿐만이 아니다. 그 후 공직 생활을 마감하고 미국 이민 후, 하나님의 교회에서 목회 행정을 할 때에나 목회 은퇴 후에 GSM 선교단체를 창립하여 일대일 동역선교를 통한 효율적인 선교행정을 할 때에나 풀러 선교대학원(Fuller Theological Seminary)에서 박사학위 공부를 한때 등 하나님의 선교를 90세까지 잘 감당할 수 있었던 것은 그 당시의 행정 때문에 울고, 행정 때문에 웃던 그 열매들을 따 먹는 것이 아닌가!

하나님 앞에서 인생의 마무리에 가장 중요한 하나님의 나라를 위한 그의 선교를 위해 헌신함에 있어서도 가장 기초가 되고 능률을 증폭하는 요소로 행정학 공부와 경험 등이 얼마나 유익했는가! 비교의 대상이 되지 못할 만큼 큰 유익이 있었음을 감히 말하고 싶다.

24. 경건생활을 통한
하나님의 은혜

◇

몇 년 전에 시작된 경건생활은 유기성 목사의 《하나님과 동행하는 삶》의 일지 작성의 권면과 설교에 동기부여가 되었던 것 같다.

또한 마크 베터슨(Mark Betterson)의 《인생을 바꾸는 40일 기도전략》, 《기도의 원 그리기》(Draw Circle)를 통해서 CBC 교회에서 함께 이 《기도의 원 그리기》를 읽으며 40일 기도하는 동안에 날마다 성경요절을 암송하면서 경건생활에 도움을 받게 된 게 사실이다.

특히 39권의 예화를 통해 큰 은혜를 체험했다. "그래서 간증을 들으면서 자기 간증을 만드세요. 그리고 간증하세요. 그럼으로써 간증을 주신 은혜의 하나님을 영화롭게 하는 것이며, 듣는 이로 하여금 은혜를 받게 하시고, 그분이 실천하는 은혜가 있게 하세요." 베터슨 목사는 다른 챕터에서 그런 권면을 주셨기에 나도 나의 간증 곧 처음 선교후원 시작부터 15구좌 후원을 하게 되었다. 그 후에 23구좌에 장시간 머물러 있다가 30구좌로, 또 계속 '선교의 밤' 행사 때마다 증액으로 40구좌, 50구좌, 65구좌를 현재 진행하니 얼마나 복되고 아름다운가! 간증의 효과가 얼마나 대단한가를 깨닫게 되기도 했다.

Day 39 예화를 설명함이 필요하다는 생각이 든다. 펜실베이니아 주의 해리스버그 시 '밀리' 라는 자매님이 자살 직전에 이르렀다. 그 당시 기도 중에 생각나는 분이 한 분 있었는데, 기독교 상담가로 켄 가웁(Ken Gaub)이라고 이름만이 생각났으나 전화번호가 생각나지 않아 덮어 놓고 기도했더니 이상한 번호가 떠올라 온다.

그녀는 무조건 장거리 교환수에게 연결을 부탁했다. 그 당시 상담가 켄 가웁씨는 오와이오 주 데이톤 75번 고속도로를 가족들과 여행 중에 잠시 식당에 들려 함께 식사를 하려던 참이었다. 가족은 먼저 식당에 가고 뒤따라 주유소를 지나가려는데 공중전화 벨이 심히 길게 울린다. 켄 가웁 씨는 무슨 급한 전화인가 싶어 무심코 수화기를 들었는데, 바로 자기 이름을 부르는 것이 아닌가!. 저들 두 사람을 다른 먼 곳에 있는 어느 주유소의 공중전화 박스에서 만나게 하신 분이 하나님 말고 또 누가 있겠는가? 지금 이 세대에는 가능하다. 서로 서비스 폰만 있으면. 그러나 그 당시는 다른 상황이다.

요즘은 경건의 삶에 펑크가 난 듯하다. 그러나 날마다, 밤마다 주님의 가상칠언과 찬양과 주님의 은혜를 노래하면서 살아서는 하나님의 선교를 위해, 영광의 나라에 이르는 일에는 하나님의 선하신 계획과 선한 때를 기다리며 감사하면서 하루하루가 얼마나 소중한지 모른다. 하루가 너무나 귀하다!

25. 밤마다 주의 가상칠언을
묵상하며 잠든다

◇

◆

나는 행복하다. 주님의 가상칠언을 잠자리에서 묵상하며 "아버지여 내 영혼을 부탁하나이다" 마지막 7번째 말씀을 묵상하며(눅 23:46) 오늘 밤에 하나님의 계획 중에 천군천사 보내주셔서 영광의 나라에 불러 가셔도 여한이 없다.

주기도문에 이어서 가상칠언 중

1언: 저들의 죄를 용서해 주소서(눅 23).

2언: 오늘 네가 나와 함께 낙원에 있으리라(눅 23).

3언: 어머니여 당신의 아들이다, 요한아 네 어머니라(요 19).

4언: 엘리 엘리 라마사박다니, 나의 하나님 나의 하나님 어찌하여 나를 버리셨나이까(마 27:46).

5언: 내가 목마르다(요 19).

6언: 내가 다 이루었다, 테테레스타이(요 19).

7언: 아버지여 내 영혼을 부탁하나이다(눅 23:46).

이와 같이 기도를 마무리한다는 것은 참으로 즐겁고 행복하고 감사하다. 지금까지 죽음의 고비를 수없이 넘어오면서 감사했던 것은 죽음에 대한 두려움, 공포가 전혀 없었다는 사실이다. 이 말은 정말이며 이 일은 하나님의 은혜가 아니고는 설명이 되지 않는 부분이다. 숨이 끊어질 지경에 이르렀을 때 답답함을 여러 번 경험했다. 정말로 괴로운 순간이다. 그 고통은 너무나 힘들고 어려움을 잘 안다. 그 고비가 빨리 넘어가기를 희망한다. 그 순간은 두렵다.

왜 이러한 기도를 드리는가? 언제부터 이 기도를 드리고 있는가? 왜냐하면 나의 생명이 촌각에 달려 있음을 성령께서 어느 날 깨닫게 해 주셨을 때부터이다.

그날은 3월 30일이었다. 신장 닥터 핏처러(Dr. Pichler)를 만나던 날이었다. 그는 3년 전에 나의 신장이 약 30% 활동한다고 진단했다. 그러나 그날은 다른 병원에서 15%라고 말하는 것을 그대로 인정했다. 이 의사는 참으로 실력도 있고 성품이 온유함을 느낀다. 그의 표정을 살펴보니 나를 정말로 불쌍히 안타까운 눈으로 바라보는 듯하였다. 심장도 불규칙적으로 활동한다는 사실을 감안하면, 새로운 혈압약 처방이 불가피했겠으나 그것이 신장에는 지장이 있다는 듯 그의 안타까운 표정을 나는 보았다.

그 순간 성령께서 깨달음을 주셨다. 나의 생명이 내가 생각하는 것만큼 즉 2년 이상 길게 남아 있지 않다는 사실을 알게 된 것이다. 언제 어느 때 심장마비란 마지막 코스가 되는지 아무도 예측하지 못하는 상황임을 알려 주셨다.

오늘 밤에라도 심장이 불규칙적으로 박동하고 있는 한, 마감이 될지, 혹은 중풍기가 계속 악화 일로에 있는 편이어서 그 증세가 언제 갑자기 악화될지 모르는 형편이다. 의사도 알 수 없다. 오지 주님만이 아시는 일이다. GOK(God Only Knows)이다.

"하나님 감사합니다. 오늘 이 시간 후엔 그동안에 말해 왔던 대로 '하루하루 산다 + 매달 한 달씩 산다'가 제대로 된 표현임을 알겠습니다." 정확한 성령의 음성으로 들렸다.

그래서 그날 밤 곧 3월 30일의 밤을 나는 넘어가야 내일 3월 31일 마지막 3월달을 살 수 있다는 바른 생각을 주셨다. 그러고 나서 넘어가면 4월 한 달을 목표로 살아가야 한다. Month By Month이다. 다시 말하면 Day By Day & Month By Month이다.

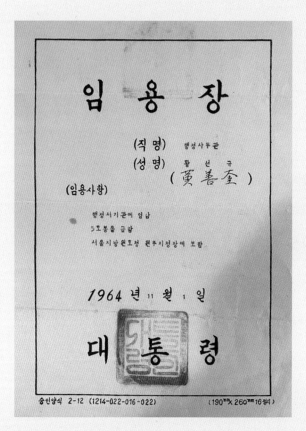

대통령 행정 서기관 임용장

26. 선교사역을 준비시킨
보훈처 공무원

◆

　　5.16 군사정변 후에 정부 기구에 새로 추가된 것이 있는데 그것은 "군사원호청"(Office of Veterans Administrations)이다. 이 정부 기구가 생기기 전에 한국군 내에 소위 숙군 작업이 있었다. 그것은 6.25를 겪으면서 많은 부상병이 생겨났고 저들을 군에서 제대를 시켜야 했다.

　　당시 나라 재정이 좋지 않아서 그 작업을 쉽게 이룰 수가 없었다. 억지로 제대시키면서 단돈 2만 환을 주는 비정한 정부의 시책 때문에 저들 명예로운 상이군인들은 불명예스럽게도 연필을 강매하는 등 위신이 땅에 떨어지고 행패를 부리는 사회악이 되어야 했다.

　　그런 때에 필자를 비롯한 몇몇 뜻있는 장병들, 곧 최달헌 중령, 배호원 소령, 김남주 대위, 황선규 대위 등이 마음과 뜻을 합하여 육군을 통한 대한민국 정부대상으로 보상투쟁을 전개하게 된다. 몇 년에 걸친 일이었지만 예의 바르고 꾸준하게 전략적으로 이 일을 추진함에 있어 나는 선두주자로서 일선 군인의 용맹성을 발휘하기 시작했다. 지금처럼 머리에 빨간 띠를 두르지도 않았고 오만불손한 태도도 아니고 약하나 강한 의지를 가지고 조직적으로 정치적으로 호소하는 전략과 전술을 구사했다.

상이군인 보상투쟁위원회를 조직하되, 고문에 그 당시 국회 국방분과위원장 하태환 의원과 국방장관 김정열 장관을 모시고 국회의원 전원에게 우편으로 호소하는 등 전술은 대단한 관심을 불러일으키기에 충분하였다. 또 육군본부의 상전과장 윤영모 대령, 인사국장 민병권 소장, 인사참모부장 신응균 중장, 참모총장 백선엽 대장과 (추후, 송요찬 중장) 등을 면회하면서 "이와 같이 명예로운 상이군인이 불명예로 살기보다 차라리 가슴에 훈장을 달고 군에서 죽게 해주십시오"라고 호소하므로 저들의 동정을 사는 존재들이 되었다.

나는 보상투쟁단의 기획자요, 서신 작성자요, 지체 높은 분들 앞에서는 대변인 역할 등 가장 중요한 직책을 수행하게 되어서 기뻤다. 그러나 무거운 책임감에 항상 눌려 있었다. 감사한 것은 불쾌한 용어보다 감사하는 말과 소망의 말을 전하는 존재로서 저들 높은 분들의 동정을 받으며 사랑을 받는 보상투쟁 그룹이 되었으니 지금 생각해도 저들의 지혜와 해결책을 주기에 충분하여서 감사하다.

이것이 계기가 되어 군사정변 후에 군사원호청(추후 국가보훈처)으로 정부기관이 생겼을 때 진심으로 감사하거니와 그 부처의 고급공무원이 되어 기획예산과장, 의무과장, 교육과장, 단체지도과장 등을 역임하였다. 또한, 원주, 수원, 인천 등지의 지방 보훈지청장을 역임하면서 유

자녀의 부모 역할이나 상이군인의 돌봄이 등 섬기는 자리에서 감사 봉
사하게 되었다.

　당시 한국의 공무원 풍토는 주로 군림하는 태도였는데 우리는 비권
력기관으로서 섬기는 일에 자연스레 익숙하게 되었다. 그럼으로써 장
차 미국 이민 후 목회자가 되어 섬기는데 익숙한 바른 자세를 배우는
훈련장이 되었으며 나는 하나님 앞에 참 감사자가 되어갔다.

한국 공무원 시절

27. 상이군인 보상투쟁에
앞장서게 하시다

◇

◆

　먼저, 연약한 자를 위해 일하는 특권과 은혜를 나에게 베풀어 주신 하나님께 감사와 찬양을 올린다.

　나는 한동안 명예스러워야 할 상이군인이란 대명사가 부끄러운 것이 된 세상에서 살아야만 했다. 몸이 불편해진 것만도 서러운데 국가와 사회의 예우도 그러하니 암울하고 답답한 청춘 시절을 살아가야만 했다.

　여러 해 동안의 병상생활과 새로운 보직에서의 군대 생활을 더 해 보았지만, 건강상 한계가 있었다. 병상생활 중에 고등고시 준비도 해보고 영어 공부에 열중하기도 했었다. 부산에서는 YMCA와 도서관학원 (Library) 등 유명한 영수학원에서 밤낮으로 어린 학생들과 더불어 영어 공부에 열중하기도 하였다. 많은 상이군인이 극장 출입을 무료로 하던 시절이라 밤낮 구경 다니거나 술 마시고 다니는 동안 우리 몇몇 부상당한 장교들은 영어공부에 심취하던 시절이 있었다.

　몇 년이 지나 이제 더 이상 군에 머물러 있을 이유가 없고, 군에서는 상이군인들을 제대시켜서 숙군하려는 시점이 다가온 것이다. 그런데 문제는 퇴직금이 너무나 적었다는 사실이다. 일단 퇴직하면 직장도 없으니 그나마 병원 밥 같은 공짜 밥도 없으니 앞날이 막연하였다. 그 당시 퇴직금은 고작 2만 환이었다. 그 돈은 군대 최하위급 2등병의 한 달 봉급 정도.

그러니 많은 상이군인이 제대 후 살길이 없어 손에 쇠갈고리를 달고 다니며(의수의 한 종류) 열차칸 등에서 연필 등을 강매하고 다니며 행패를 부리기 일쑤였다. 그 당시는 저들의 행패만을 지적했지 그 원인이나 앞으로의 대책은 마련되지 못한 막역한 시절이었다. 아직도 전시 복구 중이어서 정치권이나 군의 최고 지휘관들조차도 합리적인 상이군인 처우 대책을 마련하지 못한 시절이었다. 이때에 상이장교 몇몇이 알지 못했으나 절대자의 은혜로 자구책을 마련하기로 마음과 뜻을 함께 하게 된다. 우는 아이 젖 준다는 속담처럼 스스로 합법적인 방법으로 최대한의 퇴직금 보상투쟁을 하기로 결정하였다.

한편 육군본부 의무감실에서는 제대 준비와 효율적인 환자 관리를 위해 청주에 위치한 제23육군병원에다 전국에 산재한 상이군인들을 모아 주었다. 함께 보상투쟁을 하기엔 절호의 찬스가 되었던 것이다. 우리는 일단 조직을 했다. '상이군인 명예퇴역 준비위원회'를 구성하고 당시 대한민국 국회의 국방분과 위원장이었던 포항 출신 하태환 의원과 국방장관 신태영 씨를 고문으로 모셨다. 하 의원은 군인 출신은 아니었지만 한쪽 다리 하퇴부가 절단된 장애자였다. 그는 우리를 동정했으며 국방장관에게도 좋은 말을 해주던 고마운 분이다.

이 보상투쟁을 효과적으로 진행하기 위해 그 후 조직을 개선하여 '상이장교 보상투쟁 위원회'를 구성했는데 당시 이 사람들의 이름과 활동을 잊을 수가 없다. 그 당시 서울에는 최달헌 중령, 배호원 소령, 김남주 대위, 황선규 대위, 어수성 중위, 청주에는 후방지원으로 김치영 소령, 장병춘 대위, 조후균 중위 등과 100여 명의 환자장교들이다.

우리들은 서울 남산 밑 하숙집에 합숙하면서 정치권과 군부 요로에 진정서를 써 보내기도 하고 직접 방문하여 탄원하기도 하기를 몇 년 동안 목적이 성취될 때까지 하였다. 주로 진정서는 100통 이상을 내가 작정하였으며, 군부와 정계요로의 지체 높은 분들에게 내가 대변인처럼 정중하게 호소하는 역할을 감당하였다. 지금 생각해도 입술에 말을 물려주셔서 실수 없게 하시고 사랑을 받으면서 보상투쟁을 할 수 있었던 것은 하나님의 전폭적인 은혜였다고 회고한다.

믿음도 약하고 삶도 전혀 거룩하지 못한 시절임에도 불구하고 그의 일방적인 사랑을 덧입고 무지 중에 큰 보람이요 영광을 누리며 나누게 되었다고 믿고 감사드린다.

우리들의 요구조건은 네 가지로 요약된다.

1) 1인당 퇴직금 100만 환씩을 주십시오.(당시 2만 환에서)

2) 모든 퇴역자에게 1계급씩 특진시켜 주십시오.

3) 모든 퇴역자에게 육군 참모총장 표창장을 주십시오.

4) 퇴역식에 정복을 착용하고 참모총장이 임석하는 영예를 주십시오.

그중에 가장 핵심이 되고 문제가 되는 것은 퇴직금 100만 환을 지급해 달라는 것이었다. 이 요구 조건을 결국에 가서는 참모총장 백선엽 대장에서 송효찬 중장으로 바뀐 후 성사되었다.

명예로운 퇴역식을 가질 때 너무나 감격스러웠다. 병원에 있던 상이장교들 뿐만 아니라, 부대에서 근무하던 상이장교들 전원 약 500명이 일시에 퇴역함으로써 군을 정리하는 사업에 큰 획을 긋는 기회가 되었다. 퇴역한 장교들에게도 자존심을 살려 주었으며 내보낸 군 당국에서도 언제나 비능률과 문제였던 사안을 억지로 몰아내지 않고 우대하며 해결하였으니 강군양성이란 의미에서 역사적인 성과였던 것이다.

요즘처럼 머리띠 두르고 힘으로 고함으로 눈물로 하던 보상투쟁이 아닌 오직 진정서와 호소를 통해 시간과 연구와 감동으로 열매를 맺었으니 얼마나 피차간 흐뭇하랴! 생각하면 할수록 감사하기만 한 큰 역사적 사건의 전말이었다. 특히 그만한 재정을 나라에서 마련할 수 없었던 실정이었기에 전 장병의 쥐꼬리만한(?) 봉급에서 사랑헌금으로 모아서 주었다고 들리니 그 의미가 더 큰 것이 아니겠는가!

이 보상투쟁을 하는 동안 협박을 당하거나 무시를 당하는 등 눈물겨운 사건들이 일어나지 않았으며 언제나 만날 적마다 높은 계급의 장군들이 친동생처럼 연민의 정으로 동정심을 가지고 우리를 사랑스런 부하로 예우해 주었던 기억들은 지금 생각해봐도 감사하는 마음이며 흐뭇하기 그지없다.

그 고마운 사람들의 명단

세상에는 3종류의 사람이 있다고 한다. 즉 1. 있어서는 안 될 사람 2. 있으나 마나한 사람 3. 꼭 있어야 할 사람이란다. 당신은 어느 범주에 속하는 사람인가? 여기에 3번째 범주에 드는 사람들이 있다.

육군본부 의무감실의 정모 소령과 유욱형 병장(후에 국가보훈처 국장)

육군본부 인사국 상전과장 윤영모 대령(후에 원호처장＝국가보훈처장)

육군본부 인사국장 민병권 소장(후에 군사원호청장-체신부장관)

육군본부 인사참모부장 신응균 중장(후에 터키 대사)

육군참모총장 백선엽 대장(후에 국영기업체사장, 교통부장관)

육군참모총장 송요찬 중장(후에 내각수반, 대통령출마, 인천제철 사장)

더 중요한 결과는 그 후 군사정변(쿠데타) 이후에 멸시천대 받던 상이 군인과 전몰미망인과 유가족, 유자녀들을 예우하는 군사원호청(후에 국가보훈처) 이라는 정부기관이 독립적으로 탄생하게 된 동기를 부여했다는 사실이다.

그래서 그 당시 육군본부 실무부서였던 인사국 상전과장 윤영모 씨와 인사국장이었던 민병권 씨가 초대와 2대 군사원호청장으로서 큰 역할을 담당하게 되었다. 국가의 위기에 나라와 민족을 보위하려고 청춘을 바친 애국용사들에게 정부와 국민이 바르게 예우함으로써 차세대에게 애국심을 고취하는 교훈이 되었다. 그리고 장차 국난을 당했을 때 생명을 바쳐 의무를 충성스럽게 감당하도록 제도를 세운 역사적인 선례가 되었다고 믿는다.

또 신앙적으로 얻는 교훈이 있었다. 그것은 선한 일은 결코 중도 포기해서는 안 되며 끝까지 인내로 싸워 나가면 반드시 승리할 수 있다는 것이다(갈 6:9-10).

그 후 나의 목회와 선교사역과 인생살이에서 남을 나보다 낫게 여기며 섬기려는 선한 일에 있어 언제나 인내로 앞날의 끝을 바라보는 귀한 경험을 갖게 되었다. 어려움을 당한 많은 동료를 위해 대신 선한 싸움에 나서줌으로써 자신은 고통을 많이 받기도 하였다. 그러나 좋은 결론에 도달할 때마다 나와 저들은 물론, 나라와 민족에게도 유익을 끼치는 삶을 살게 되었던 것이다.

지금 생각해 보면 모든 것이 절대 주권자이신 창조주요 세상의 역사와 인생의 생사화복을 주관하시는 하나님의 은혜였다고 믿는다.

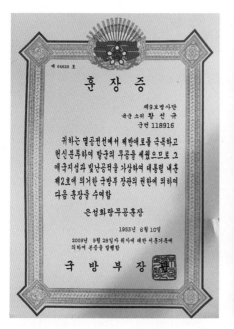

은성화랑무공 훈장 증서   은성화랑무공 훈장

2부 효율성 많은 1:1 동역
선교

'19 시애틀 선교의 밤'에는 이명운 장로 부부 등 여러 후원자들이 참가했다.

28. 하나님 선교의 두 기둥은
사회구원과 복음전도

◇

◆

하나님의 통전적 선교(Holistic mission)

하나님은 자연과 역사의 주권자인 동시에, 선교의 하나님이시다. 곧 그는 자기를 위하여 세상으로부터 한 백성을 불러내시며, 다시금 그들을 세상으로 내보내어 그의 나라의 확장과 그리스도의 몸의 건설과 그의 이름의 영광을 위하여 그의 부름 받은 백성을 그의 종과 증인이 되게 하신다. 다시 말하면 교회 주체의 선교에서 삼위일체 하나님의 선교에로의 부름 앞에 교회는 순종으로 쓰임 받는 선교도구로 즉 종과 증인 (전도자)으로 헌신해야 한다는 것이다.

통전적 선교의 내용은 복음전도(Evangelization)와 사회참여(Social Responsibility)이다. 복음전도에 우선권은 있지만, 그동안 교회가 소홀히 하고 있는 사회참여 또한 하나님의 나라 건설에 필연적인 교회의 사명으로 인식하고 실천해야 될 분야인 것이다.

이 문제는 쉽지 않다. 자칫 잘못 행동하면 교회에 분열을 가져올 수 있는 위험성도 있기에 각별한 주의가 필요하다. 2010년 제3차 로잔 운동에서 한 강사는 교회에 사회 참여 연구위원회를 두고 연구, 추진할 것을 권면하고 있다.

특히 한국과 같은 공산권과 남북이 대치한 상태에서 더구나 좌파니 우파니 하며 정치적으로 민감하고 토론문화에 있어 흑백논리가 강하고 다혈질적인 성품에서 경제적, 정치적 문제에 대한 교회의 사회참여는 매우 어렵다. 그렇다고 전적으로 외면하고 기피해서는 로잔의 총체적 선교의 정신에 위배되는 것이 분명하다(조종남 2013, pp.100-114)

나는 로잔의 정신과 신학에서 선언된 예수 그리스도의 유일성과 복음의 보편성에 대하여 전적으로 동감한다. 아무리 세계선교에 에큐메니칼 운동의 필요성과 긴박성이 있다고 하더라도 모든 종교를 통하여 하나님의 구원이 역사 된다고 보는 세계교회협의회(WCC) 일부 학자의 주장은 종교다원주의 혹은 혼합주의와 같은 것이다.

로잔운동은 그리스도만이 유일하신 구주시며, 따라서 구원을 위해서는 모든 사람이 예수를 구주와 주 하나님으로 영접해야 한다고 주장한다. 그러므로 종교다원론이나, 혼합주의 등 잘못된 선교신학과 타협하지 않는 로잔대회의 선언에 동의한다.

우리의 선교란 곧 선교하시는 하나님의 선교에 동참하는 것이다. 하나님이 모든 사람을 사랑하시어 한 사람도 멸망하지 않고 모두가 회개할 것을 원하시기 때문에 예수 그리스도를 세상에 보내심과 같이 그리스도께서는 그의 구속받은 백성들을 또한 세상에 내보내시어 선교사역

을 하게 하시는 것이다(요 20:21).(조정남 2013, 164)

그러므로 주님이 승천하신 후 다시 오시기 전 그 어간에 한 사람이라도 더 구원하기를 원하시는 하나님의 사랑은 세계선교의 핵심이다. 이를 위하여 우리 하나님의 사람들은 때를 얻든지 못 얻든지 그리스도만이 유일한 구원의 길임을 믿고 그를 구주와 주님으로 영접하도록 전도하는 일에 최선을 다해야 한다. 그 최선은 고난과 순교까지도 각오하므로 순종해야 하는 것이다.

통전적 곧 총체적 선교에 있어 후방의 한국교회나 디아스포라 교회가 복음전도만을 우선하여 가장 작은 자를 돌보는 사회개혁과 봉사의 면(마 25장)에서는 매우 열악한 것이 사실이다. 그것이 타성화 되어 하나님 나라 건설과 회복과 하나님의 뜻 구현사역에는 후진성을 면하지 못하는 형편에 놓여 있다. 그러나 다행히도 2019년 말 현재 28,039명에 이르는 한국계 전방선교사들이 후방교회의 연약함을 보완해주는 역할을 잘 감당해 주고 있다.

예컨대, 난민촌 어린이 선교를 통한 복음과 구제를, 나환자 치료와 돌봄을 통한 주의 사랑실천, 우물 파주기를 통한 복음과 생명 살리기, 전쟁난민을 위한 여러 가지 구제사업, 기타 NGO 구호단체 운영을 통한 가난한 자 돕기와 간접 전도 등이다.

풀러 신학교에서 학생들과 함께 공부하고 있다.

29. 만학으로 선교목회학 박사 취득

◇

◆

GSM 선한목자선교회를 2002년에 정식 발족한 이후, 막연했지만 남은 생애를 하나님의 선교에 올인하기로 작정하게 하셨다. 1년에 30명의 목표를 세우고 1인당 한 달에 100불씩 전방선교사 한 분을 후원자 한 분이 후원하기로 한 것이다. 그 당시 나는 70세가 되어 15년간 목회를 은퇴하게 되었고, 폐암 말기의 투병으로 하루하루 주의 은혜로 연명하던 시절이었다.

2002년부터 2011년까지 첫 10년 동안에 생명과 건강도 기적적으로 연장해 주셨으며 선교 실적도 매년 30명의 선교사를 후원할 수 있게 해 주셔서 선교사 목표량 300명을 400명이 후원하는 소위 제1차 10개년 계획으로 GSM 700의 목표를 달성하게 해 주셨다. 이에 힘입어 제2차 10개년 계획(2012-2021)을 후원 목표량 1,000명으로 정했으나 후원속도에 가속이 붙도록 하나님께서 특별한 은혜를 부어 주셔서 2017년에 그 목표를 몇 년 앞당겨 달성케 해 주셨다.

그래서 생각하게 된 것이 1:1 동역선교의 효율성에 대한 후원 패러다임이 경험을 뛰어넘어 학문으로 정립하여 내 생애 이후에도 계속 이 선하신 방법으로 하나님의 선교에 유익이 있도록 소원하게 되었다. 그러면 선교학 공부를 더하고 논문으로 남겨 놓으라는 주님의 강권하심 따라 뜨거운 마음을 주심으로 실천하게 되었다.

처음 생각엔 그 당시 사무총장으로 부임한 김경식 목사로 하여금 공부하게 할까 하였으나 열정 당원인 세 여인, 곧 아내와 김숙현 권사와 김영자 선교사의 건의로 나 자신이 이 일을 감당하기로 하였다. 그래서 선교학계에서 유명한 FULLER 선교신학원에 입학하게 되었는데, 첫날부터 지병으로 인하여 911 응급차의 신세를 지게 되니 최고령, 최약체 학생으로 유명세를 타게 되었다.

그럼에도 불구하고, 2017년 이후 열심히 배우려는 마음과 투철한 실천력으로 3년 만에 '일대일 동역선교에 관한 연구-선한목자선교회를 중심으로'(A STUDY ON THE ONE-TO-ONE PARTNERSHIP MISSION OF THE GOOD SHEPHERD MISSION SOCIETY)라는 논문을 완성, 심사를 통과, 선교목회학 박사학위(Doctor of Ministries in Global ministries)를 2020년 4월에 취득하였다.

이 논문은 솔직히 말해서 나의 경험이나 주장과 지식으로만 된 것이 아니다. 오직 나의 생명과 건강을 기적으로 연장해 주시면서 또한 박사학위의 필요성이 우선함이 아니라, 오직 효율성이 특별난 '1:1 동역선교'의 후원 패러다임을 후세에 남기시려는 하나님의 뜻에 따른 것이다.

그러므로 하나님이 친히 말씀해 주시므로 논문의 내용을 구체적으

로 쓰게 하신 것이라 믿는다. 따라서 하나님 선교를 완성하는 계절에,
귀하게 쓰임 받는 기회로 삼고자 개인과 교회를 세우려고 하신 것이다.
여기에 하나님의 선하신 목적이 있었다고 믿는다.

황선규 목사가 시애틀 세계 선교대회에 참가한 선교사들과 함께하고 있다.

30. 두렙돈 과부의 샘플이 되고파

◇

◆

　　내가 섬기던 시애틀중앙침례교회에 소위 '두렙돈 과부'라 불리는 권사님이 계시다. 그분의 이름은 이의자 권사(95세)이며 그분의 권면에 따라 함께 동역자 된 故 박경숙 권사(94세)가 있다.

　　저들은 10년 이상 타일랜드의 고아들에게 미국정부로부터 받는 SSI(사회보장연금) 200불 중에서 50불씩 선교후원금을 보내서 양육함으로써 고아들의 할머니가 되셨으며, 이들이 그 유명한 청년 그리스도인으로 장성케 하신 케이스의 주인공들이다.

　　나는 선교회의 대표로서 하나님 앞에서 남달리 그런 면에서 으뜸이 되길 나의 속사람은 원하고 있었다. 예컨대, 선교헌금을 2002년부터 매월 100불씩 15구좌로부터 시작하여 2021년 4월에는 60구좌(월 6,000불)를 보내고 있다. 또한, 매월 세계선교 중보기도회라든가 혹은 각 교회의 연합행사에서의 헌금에 신경을 많이 쓴다. 대개의 경우 각 교회 연합행사 등에서 헌금 액수는 적다. 그러나 연합회의장이 되었을 때를 생각해 본다. 적게 내서 될 일인가? 그러므로 나는 어떤 연합 행사가 되었던 제일 많이 헌금하려고 힘쓴다.

하나님은 즐거움으로 많이 내는 자를 사랑하신다(고후 9:7). 그리고 그런 자에게 많이, 풍성히 공급하시기를 즐거워하신다(고후 9:8; 빌 4:19). 특히 하나님은 액면가도 보시지만, 헌금자의 생활형편을 비교하신다. 우리 인생들은 표면상의 액면가를 가지고 누가 많이 헌금했느냐를 계산할 수는 있어도 전지전능하신 분처럼 누가 생활 형편상 더 많이 헌금했느냐에 대하여는 알지를 못한다.

참으로 귀하신 진리를 우리 연약한 인생들의 한계 상황으로 주셔서 감사하다는 생각이 든다.

그 진리의 말씀이 누가복음 21장 1-4절에 잘 기록되어 있다.

> "예수께서 눈을 들어 부자들이 헌금함에 헌금 넣는 것을 보시고 또 어떤 가난한 과부가 두렙돈 넣는 것을 보시고 이르시되 내가 참으로 너희에게 말하노니 이 가난한 과부가 다른 모든 사람보다 많이 넣었도다. 저들은 그 풍족한 중에서 헌금을 넣었거니와 이 과부는 그 가난한 중에서 자기가 가지고 있는 생활비 전부를 넣었느니라 하시니라"

나는 이와 같은 두렙돈 과부와 같은 자가 되기를 힘쓰고 있다. 나의 생활 형편에 비추어 모든 전후방 선교사 가운데 가장 많은 헌금자가 되기를 소원한다. 그 이유는 구원의 감격과 하나님의 허락하신 GSM 최고 리더로서 일대일 후원시스템의 새로운 패러다임이 하나님 보시기에 기쁨과 아름다움으로 보여질 것을 믿기에 그러하다.

나는 사람들 중에 가장 연약한 지체를 가진 자요, 환경도 아주 열악한 터인지라 이 한 몸 드려서 하나님의 긍휼과 귀히 여겨주사 하나님의 마음에 합당하기를 원한다.

그럼으로써 주 하나님께서 효율적인 1:1 동역선교 후원 패러다임을 유지, 발전시켜 주시기를 원한다. 아멘!

사도바울이 고린도교회에 복음전도를 하던 시절에 상당한 어려움을 당하고 있었다. 그러나 하나님의 편에서 생각해 볼 때, 계속 승리하고 있었기에 고린도후서 6장 8절 하반절 이하에서 10절까지 자신들에 대한 사랑에 감사하면서 자신감으로 넘쳐 다음과 같이 고백하고 있음을 알 수 있다.

> "…우리는 속이는 자 같으나 참되고 무명한 자 같으나 유명한 자요, 죽은 자 같으나 보라 우리가 살아 있고, 징계를 받는 자 같으나 죽임을 당하지 아니하고 근심하는 자 같으나 항상 기뻐하고, 가난한 자 같으나 많은 사람을 부요하게 하고, 아무것도 없는 자 같으나 모든 것을 가진 자로다" 아멘!

이와 같은 간증을 하는 이유를 잠시 설명하기를 원한다. 이전까지는 이러한 다액헌금의 자원이 많은 부분 자녀의 공급에 의한 것이었으므로 말하기를 주저하였다. 그리고 다른 이들에게도 삼가기 일쑤였다. 왜냐하면, 자칫 자랑으로 들려서 경망스럽고 민망스럽다는 관념에 사로

잡혀 있었기 때문이다. 그러나 지금은 될 수 있는 대로 간증하기를 좋아한다. 이것은 내가 근래 마크 배터슨(Mark Batterson) 목사가 쓴 《기도의 원 그리기》 책으로 큐티를 하다가 그의 주장이 일리 있다고 설득되었기 때문이다.

그의 주장을 간추려 말하면 다음과 같다. "남의 간증을 들으면서 은혜를 받으세요. 은혜만 받지 말고 당신도 자신의 간증을 만드세요. 그리고 그 간증거리를 주신 하나님을 영화롭게 하기 위해 그것을 간증하십시오. 만약 하지 않으면 그 은혜를 주신 하나님의 영광을 드러내지 않음으로써 불충하는 것이요, 그 간증을 듣고 은혜받을 수 있는 사람에게 은혜를 받을 수 있는 기회를 박탈하는 것"이라는 것이다.

나는 그의 설득에 바로 동의하며 은혜를 받았다. 따라서 보태고 뺌이 없는 하나님의 은혜에 대한 간증은 절실하다고 믿고 그날부터 나는 기회 있을 적마다 간증을 한다. 그리고 그 간증의 효과가 얼마나 큰지 재미가 난다. 그러므로 기회 있는 대로 간증함으로써 하나님께는 영광이요 듣는 이들에게는 은혜를 끼친다고 믿는다.

시애틀 GSM 월례 기도회 참석자들이 함께 기념 촬영

'워싱턴주 열방 중보 기도 운동' 대표 황선규 목사가 부회장 나균용 목사(왼쪽), 총무 김용문목사 와 함께 시애틀 중앙일보에서 열방기도회를 홍보하고 있다.

31. 일대일 동역선교의 특징

◇

선교사 한사람과 후원자 한사람의 1:1 동역의 효과는 10배 이상이다.

한 가지 예를 생각해 보자. 우리 한국교회는 본국 교회나 디아스포라 교회나 마찬가지로 대개 각 교회의 구역, 셀 그룹, 혹은 목장 등에서 한 선교사에게 월 100불 선교비를 후원하는 것을 좋아한다.

한 구역에서 한 선교사 돕는 것을 기본으로 할 때 '십시일반 선교'라고 부른다. 그러나 구역원 10명 각자가 그 10배에 해당되는 월 100불로 한 선교사를 후원하면 이것을 우리는 '일대일 동역선교'라고 부른다.

문제는 일대일 동역선교는 10배의 후원에 머무르지 않고 1구좌에서 2구좌, 3구좌를 늘어나는 것을 특징으로 한다. 거기엔 그만한 매력이 숨겨져 있기 때문이다. 이 일대일은 전방, 후방 선교사 모두가 참여하고 있음에 특징이 있다.

1:1 동역선교의 후원 액수가 크기 때문에 선교사 선임에 신중을 기해야 한다. 예컨대, 복음전도에 열정이 있는 자, 꼭 100불의 필요성이 절

실한 자 등이다. 그러므로 선교사 선임문제를 전폭적으로 성령께 의존한다. 이렇게 자격요건 등을 갖추도록 힘쓸 때 성령께서는 이에 적합한 후원자 곧 후방선교사를 1:1로 연결시켜 줌을 체험할 수가 있다. 이와 같이 후원자 얻기가 어려운 상황 속에서 성령께서 역사해 주신다고 믿기에 그 열매들을 보아 풍성함이 그 간증이 되고 있다.

가장 후원자 모집에 효과적인 방법으로 '선교의 밤' 행사를 나라와 지역으로 확대하고 대륙별, 권역별로 그 놀라운 효과를 자랑하고 있음을 우리는 증명하고 있다. 이런 방법 외에 여러 가지 형태로 1:1 동역선교 후원방식을 쓰고 있다. 예컨대, 일선 선교사가 자기의 것을 아껴서 자기 후진들을 솔선하여 돕는 아름다운 사역을 펼치기도 한다. 교단, 교파를 초월하여 적은 액수로 각 교회에서 파송 선교사를 세우는 일, 혹은 자기가 받던 후원금이 충족되었다고 생각하는 통 큰 선교사들은 자기가 받은 후원금을 반납함으로 다른 선교사를 돕는 아름다운 일도 준행한다.

또한, 소중한 일 하나는 모두가 사례비를 받지 않는 자비량으로 봉사하는 간사들과 순회선교사와 전후방 지부장들이《평생선교사》책을 10불에 예비후원자에게 판매함으로써 후원자를 얻는 일에 힘쓰고 있다. 또, 모든 사역자들이 자비량을 긍지로 삼고 모두가 예외 없이 후방선교사를 겸하고 있다. 그리고 간사들과 순회선교사들마다 10구좌 이상 다구좌 후원자가 되려고 애쓰고 있다. 그리고 이들 모두는 모두가 기도후원자이며 서로를 존중하며 사랑으로 겸손하게 섬긴다.

32. 선교사가 후원자 되는 은혜

GSM선교사가 다른 선교사 후원하기

"보라 형제가 연합하여 동거함이 어찌 그리 선하고 아름다운
고"(시 133:1).

원칙을 말하면, 전방 선교사는 일선에서 영적인 전쟁을 몸소 치르는
병사이다. 또 전투에서 병사에게 필요한 식량과 탄환과 군수물자는 후방
에서 적시에 공급해 주는 것이 옳다. 그러나 현실은 그와 같이 원활하지
가 못하여 항상 부족하여 이의 조달을 위해 힘쓰고 애쓰는 모양새이다.

이런 때에, 전방 선교사들이 힘들어 얻은 것을 먼저 다른 선교사에게
나누는 아름답고 덕스러운 사역이 GSM의 전방 선교사 가운데 일어나
고 있다. 이 일은 선하고 아름답다. 그래서 GSM 선교사들을 치하, 격려
하기 위해 하나의 전략으로 제시하려 한다.

"긍휼히 여기는 자는 복이 있나니 그들이 긍휼히 여김을 받을 것임이요"(마 5:7)

"그러므로 무엇이든지 남에게 대접을 받고자 하는 대로 너희도 남을 대접하라. 이것이 율법이요 선지자니라"(마 7:12)

긍휼히 여기는 자들의 현주소

앞서 말한 대로 이 일은 받는 것에서 떼어서 주는 것이 아니다. 별도 지원받은 수입에서 먼저 떼어 다른 선교사들을 돕는 것이다. 그 수효가 점점 늘어나고 있다. 2020년 1월 현재 77명이 184명 (구좌)을 후원하기에 이르렀다. 많이 헌신하는 선교사는 40구좌를, 그 다음은 20구좌를 헌신하면서 아름다운 간증을 가지고 있다.

이것이 곧 "적게 심는 자는 적게 거두고 많이 심는 자는 많이 거둔다" 는 말이다.

"각각 그 마음에 정한대로 할 것이요 인색함으로나 억지로 하지 말지니 하나님은 즐겨내는 자를 사랑하시느니라. 하나님이 능히 모든 은혜를 너희에게 넘치게 하시나니 이는 너희로 모든 일에 항상 모든 것이 넉넉하여 모든 착한 일을 넘치게 하게 하려 하심 이라"(고후 9:6-8)

아름다운 일, 곧 다른 선교사 후원 전략을 제시

첫째로 2020년부터는 먼저 각 나라 GSM 지부장(대표), GSM 선교사 회장, 각 지역 GSM 지부장들이 모범을 보여주기를 요청한다.

둘째는 GSM 선교사 중 3구좌 이상 후원받는 선교사에게는 이 아름다운 사역에 동참하도록 권장한다.

셋째로 현재 다액구좌로 헌신하는 선교사들이 세미나 등 기회 있을 때마다 간증을 통해 주님께만 영광 돌리면서 다른 이들에게 도전해야 할 것을 제안한다. 이것을 하나님이 크게 기뻐하시며 한국 선교 역사상 새로운 선교지원의 패러다임이 되리라고 확신한다(2018 KWMF 방콕대회, GSM 국제대표인 나의 특강).

그리고 선교사들이 어렵게 얻은 후원금을 다른 선교사들에게 먼저 사랑으로 나눌 때, 그 파장은 점점 커질 것이다. 따라서 GSM선교사들의 자긍심과 열심은 증폭되어서 곧 1구좌에서 2구좌, 3구좌, 5구좌, 10구좌, 20구좌 40구좌 이상으로 후원하게 된 것이다.

이런 경우 문제가 있다. 이 사실이 노출될 때 후원교회에서 좋아할까? 하는 우려와 이에 찬동하지 못하는 다른 선교사들에게 폐해가 되지 않겠느냐?의 걱정이 있게 될 것이다.

그럼에도 불구하고, 이를 총사령관 되시는 그리스도 예수께서는 기뻐하실 것이며, 아울러 그의 영광 중에 풍성한 공급을 체험하게도 될 것이다(빌 4:19).

이와 같은 '선교사 서로 돕기 운동'은 약 28,000명 한인 선교사들에게 뿐만 아니라, 다른 나라에도 확산되어야 한다. 그리하면 장차 더 많은 선교자원은 물론, 더 많은 새로 파송된 선교사들을 선교현장에서 만나게 될 것을 확신한다.

33. GSM 다액 구좌자의 헌신은
절대 필요조건

◇

다구좌 후방선교사 세우기

1:1 선교지원에 활력을 넣어줌에 필수적인 것 한 가지는 다구좌 후원자이다.

예컨대, 10구좌 이상 후원하는 자들이 여러 명 있어야 한다. 특히 후원금 전체에서 그 일부를 행정비 혹은 씨앗헌금 등으로 사용되도록 허락하는 자가 필요하다. 왜냐하면 그래야만 전방선교사들에게 매월 100% 후원금을 보내는데 도움을 주게 된다.

현재 다구좌 헌신자 중에는 10구좌, 20구좌, 30구좌, 40구좌, 50구좌, 65구좌, 250구좌가 있다. 사업가 중 한 사람은 그의 목표가 1,000구좌(120만 달러)이며 한때 최고 255구좌까지 후원하였다. 그러나 현재는 사업이 다소 부진하여 250구좌에서 100구좌로 위축되었으나 다시 회복되기를 기대하고 있다.

그 외에도 전방 선교사 가운데 25구좌와 40구좌를 남달리 크게 헌신하는 분도 있어 다른 선교사들에게 도전이 되고 있다. 이와 같은 고무적인 다구좌 후원자가 인구와 재원이 풍부한 한국에 더 많이 세워지도록 기도하고 있다.

보물은 땅이 아닌 하늘에 쌓아 두어야 안전하다

> "너희를 위하여 보물을 땅에 쌓아 두지 말라 거기는 좀과 동록이 해하며 도둑이 구멍을 뚫고 도둑질 하느니라 오직 너희를 위하여 보물을 하늘에 쌓아 두라 거기는 좀이나 동록이 해하지 못하며 도둑이 구멍을 뚫지도 못하고 도둑질도 못하느니라 네 보물이 있는 그곳에는 네 마음도 있느니라. 한 사람이 두 주인을 섬기지 못할 것이니 혹 이를 미워하고 저를 사랑하거나 혹 이를 중히여기고 저를 경히 여김이라 너희가 하나님과 재물을 겸하여 섬기지 못하느니라"(마 6:19-21,24)

하나님은 모든 것의 주인으로서 선한 일을 위해 쓰는 자를 위해 넉넉히 공급해 주신다.

> "은도 내 것이요 금도 내 것이니라 만군의 여호와의 말이니라"(학 2:8)
> "나의 하나님이 그리스도 예수 안에서 영광가운데 그 풍성한대로 너희 모든 쓸 것을 채우시리라"(빌 4:19)

"하나님이 능히 모든 은혜를 너희에게 넘치게 하시나니 이는 너희로 모든 일에 항상 모든 것이 넉넉하여 모든 착한 일을 넘치게 하게 하려 하심이라"(고후 9:8)

'18년 GSM 1대1 동역선교 유럽대회'

34. 파송교회와 파송 선교사
세우면 서로 유익

◇

◆

파송교회가 없는 선교사에게 파송교회 결연하기

선교사 중에 파송교회가 없거나 없어져서 간절히 그런 교회를 찾고 있는 자가 상당수 있다. 저들에게 어떻게 하면 파송교회를 찾아서 결연해 줄 것인가? GSM에게 이 사명을 주신 것으로 확신하고 실행 가능한 하나의 전략으로 해결책을 제시하고자 한다.

파송교회와 파송 선교사의 중요성

한국의 각 교단마다 파송 선교사 규정이 있다. 저들은 그 규정에 따라서 교단별 혹은 교회별로 선교사를 파송, 지원하고 있다.

그러나 현실은 그와 같은 수순을 밟지 않은 채 선교지에 나와 있는 선교사가 상당수 있다는 것이다. 또한 어느 기간까지는 파송 선교사로서의 후원을 받았으나 교회의 사정상 후원이 중단된 경우도 있다.

모든 선교사에게 파송교회가 연결이 된다면 선교사들에게 매우 힘이 될 것이다. 선교지에 있으면서 약 50%의 선교사들이 파송교회가 없으나 99%가 파송교회를 원한다는 통계를 보면서 선교사로서 얼마나 힘들고 외로운 싸움을 하고 있는지 알 수 있게 되었다.

선교사들이 자신을 파송해준 교회들이 있다면 선교지에서 자존감과 안도감은 물론, 기도해주는 교회와 성도가 있고, 자신의 선교사역을 보고하고 나눌 수 있는 교회와 성도가 있다면, 저들은 순교적 사역이라 불리는 일선 선교에서 죽도록 충성하려는 마음에 새로운 다짐을 하게 되리라!

다른 한편, 파송교회 역시 주는 자가 더 복되다 하신 주의 말씀대로, 재정지원, 기도 동역, 위로, 격려 등으로 함께 자라가는 성숙한 교인과 교회가 될 것이 분명하다.

파송교회와 파송 선교사의 결연문제 해결책

1. 한국교회와 해외 디아스포라 교회를 합치면 약 6만 5,000개 교회가 있는데, 한국인 선교사 수는 약 2만 8,000명에 달한다. 숫자적으로 계산하면 모든 선교사에게 파송교회가 되어 주어도 교회 수는 남아돈다. 그러나 현실은 현지에 파송된 선교사 중 약 50%가 파송 교회가 없다. 그 이유는 교파, 교단 문제, 선교사의 자격 문제, 선교비 조달의 부담 등 여러 가지가 있을 것이다.

2. 그럼에도 불구하고, 저들은 파송교회를 원하며 필요로 하고 있다 (99%). 그동안 노력은 해 보았으나 파송교회를 얻을 수는 없었다고 한다. 그러나 아무리 작은 교회라도 파송 선교사 규정만 개정하면 저들이 원하는 선교사 파송이 가능하다고 본다(초교파, 월 $300-$500로 시작 / 별지 GSM 파송 교회 및 파송 선교사 결연규정).

3. 이 사업은 교회와 선교사 서로에게 유익을 준다고 확신한다. 결론부터 말하면 서로에게 하나님의 선교에 대한 가슴 넓은 이해와 연합을 통한 선교 부흥과 하나님 나라 확장에 기여할 수 있게 될 것이다.

또한, 서로에게 자존감과 헌신도를 높여주는 일석이조의 풍성한 열매로서 축복을 경험하게 될 것이다. 그러므로 초교파인 GSM은 지난해 2019년부터 시작된 이 거룩한 부담의 필수사업을 계속 진행하고자 한다(2020 목표: 선교사 30명 결연).

35. 다른 선교사를 위한 후원양보

후원을 양보하기

GSM 선교사들이 후원을 받다가 최소한의 자립이 이뤄졌을 때, 이를 다른 선교사를 위해 후원 중단을 요구해 온다. 이러한 양보의 미덕은 권장되어야 할 아름다운 GSM 전략의 하나이다.

수혜 중단 요청 케이스 1

남미 볼리비아에서 30년 차 제자훈련을 기본으로 삼고, 교회개척과 신학교육을 통한 목회자와 평신도 지도자를 양육하는 최천휴 선교사가 있다. 그는 30분 먼저 출생한 쌍둥이 형이다(동생은 최양휴 선교사로 같은 나라, 다른 도시 싼타쿠르스에서 사역 중).

최천휴 선교사는 공군 빨간 베레모 특수부대 출신답게 제자들의 야간훈련에 남달리 강하다. 현재는 신학교와 18개의 목회자가 세운 교회와 평신도 제자들이 세운 50개 교회를 돌본다. 그 가운데 반듯하게 교회 건물이 세워진 곳은 본부 교회, 단 한 곳뿐이다. 최 선교사 형제를 만난 때는 2004년 뉴욕 KIMNET 선교대회에서였다. 시애틀로 초청해서 갈보리교회(김용문 목사)에서 선교 보고를 했고, 그 교회와 1:1로 연결, 동역하게 되었다. 그 후 매월 50~100불을 연결, 한 교회로부터 점차 늘려 나가면서 아름다운 동역을 하게 되고 저들도 큰 위로와 힘을 얻게 되었다.

13년이 지나면서 27명(구좌)에게 후원금을 매월 보내게 되었는데 2016년에 이르러 3명을 제외한 24명의 선교후원금 지급을 중단해 달라는 요청을 받고 놀랐다. 혹시 섭섭한 일을 우리가 했는가? 아니었다. 그동안 그 후원으로 인해 자립하는데 큰 도움을 받았다는 것이다. 아직도 8개 교회는 미자립 상태지만, (자립이란 월 $200의 생활비) 이번 기회에 자립을 지향하고 도움을 받지 않겠다는 것이었다.

이러한 과감한 결단은 자기들보다 더 못한 선교사들을 도울 수 있도록 자리를 비워야겠다는 '섬김이 정신'에서 비롯된 것이었다. 저들은 제자훈련에 있어 예수님을 본받아 '섬김이 훈련'에 초점을 맞추고 철저하게 가르친다. 그래서 섬기는 자가 기적같이 복 받는 현장을 귀로 듣고 눈으로 볼 수 있게 함으로써 온 성도가 간증하게 한다.

심지어 우리 손님들도 반드시 그 현장을 답사하게 해주었다. 많은 문방구 중에 유별나게 교회를 섬기는 그 찬양 율동 사역자의 문방구를, 신학생의 부식을 섬긴다는 청과시장 한복판 채소 장수의 그 점포를, 그리고 헌금 많이 한다는 볼품없는 길거리의 판자로 세운 시계점포상 등.

36. 세계선교 중보기도 운동

각 나라에서 세계선교 연합 중보기도 하기

합심기도

진실로 다시 너희에게 이르노니 너희 중의 두 사람이 땅에서 합심하여 무엇이든지 구하면 하늘에 네 아버지께서 그들을 위하여 이루게 하시리라. 두세 사람이 내 이름으로 모인 곳에는 나도 그들 중에 있느니라(마 18:19-20)

부르짖는 기도

너희는 내게 부르짖으라. 그리하면 내가 크고 비밀한 일을 너희에게 알게 하리라(렘 33:3)

때로는 금식하며 기도함으로 은밀한 중에 보시는 하늘 아버지께서 갚아 주시는 것이다.

내가 기뻐하는 금식은 흉악의 결박을 풀어주며 멍에의 줄을 끌러주며 압제 당하는 자를 자유하게 하며 모든 멍에를 꺾는 것이 아니겠느냐. 또 주린 자에게 네 양식을 나누어 주며 유리하는 빈민을 집에 들이며 헐벗은 자를 보면 입히며 또 네 골육을 피하여 스스로 숨지 아니하는 것이 아니겠느냐 그리하면 네 빛이 새벽같이 비칠 것이며 네 치유가 급속할 것이며 네 공의가 네 앞에 행하고 여호와의 영광이 네 뒤에 호위하리니 네가 부를 때에는 나 여호와가 응답하겠고 네가 부르짖을 때에는 내가 여기 있다 하리라(사 58:6-9상)

GSM 세계선교 연합 중보기도 운동

1. 기도 없이 선교는 불가능하다. 기도는 전후방 어느 곳에서나 필요하다. 나는 하지 않고 남에게만 의존해서는 안 된다. 이는 믿음이 없거나 게으르다는 증거일 뿐이다.

특히 연합기도는 매우 중요하다. 응답받는 기도를 해야 한다. 아무튼, 선교는 하나님의 뜻에 부합하게, 믿음으로, 끈질기게, 간절히, 감사하므로, 때론 금식하며, 무시로 성령 안에서, 기도해야 하는 것이다.

2. GSM은 기도의 선도주자로서 시애틀 본부를 비롯, LA, 한국의 서울과 대구, 인도의 켈커타, 캄보디아의 프놈펜, 독일의 베를린, 파라과이의 아순시온, 아르헨티나의 부에노스아이레스, 태국의 치앙마이 등

지에서 매월 같은 날, 같은 기도 제목으로 열방을 품고 하나님 나라의
확장을 위해 기도하고 있다.

이 거룩한 사역은 2020년에는 더 활발하게, 더 많은 나라와 지역(96
개 처, GSM 선교사 있는 곳)에서 실천되기를 기대하며 소망한다.

열방을 품는 기도운동의 지속적 활성화

2008년 세계경제 불황을 맞던 때의 일이다. 마침 LA 한인장로교
회에서 KIMNET (한인세계선교 네트워크)주관으로 '열방을 품는 기도 성
회'(IPCAN)가 개최되었다.

그 당시 강사는 필리핀 김종필 선교사였다. 기도 없이는 선교의 승리
없음을 강조하면서 이와 같은 기도운동이 시애틀과 시카고에서도 열려
야 한다며 여러 번 강조하였다.

나와 함께 참여했던 김용문, 문태훈 목사도 그 도전에 성령의 감동하
심으로 믿고 다음 달인 11월부터 시애틀에서도 '워싱턴 주 열방을 품는
기도 성회'(WAPCAN)가 시작되었다.

날마다 불경기를 이유로 교회에서 선교지원을 중단하므로 선교일선
에서는 고통을 호소해 오던 절박한 상황의 시절이었다.

GSM에서 그 당시 200명의 선교사를 후원하고 있었는데, 주님의 도
움이 없이는 100명으로 감소시켜야 할까? 하는 간사한 영의 속삭임도
없지 않았다. 나의 관심과 초점을 주님의 얼굴로 향했다.

"내가 산을 향하여 눈을 들리라 나의 도움이 어디서 올까. 나의 도움은 천지를 지으신 여호와에게서로다"(시 121:1-2).

연합 중보기도로 이 난국을 극복하자. 연합기도가 성공하기 어렵다는 부정적인 경험과 의견을 뛰어넘어서 긍정적인 믿음만으로 별도로 준비 없이 GSM은 몇 교회와 연합으로(갈보리교회, 새 교회, 중앙침례교회) 요단강에 발을 내딛는 제사장의 심정으로 출사표를 던졌다.

그리고 지속적으로 부르짖을 수 있는 은혜와 지혜를 구했다. 한 주 전에 예비모임을 갖게 하셨다. 연거푸 2회를 모이니 기도의 날을 잊지 않고 잘 모이게 되었으며, 회원교회는 점점 늘어 30여 개로 확장되니 힘을 얻게 되었다. 한 달에 한 번씩 회원 교회를 번갈아 돌아가며 기도하였고, 영어권과 일본인교회마저 회원교회로 영입하니, 세대와 민족을 초월하는 뜻도 있어 좋았다.

더 나아가 1년이 지난 후에는 6개월에 한 번씩 외부 강사를 초청, 3일간 부흥기도 성회를 갖게 되니 열기를 더할 수 있어 너무나 좋았다(임현수 목사의 북한선교 보고, 2009.11.).

그리고 가장 핵심이 되는 연합 중보의 기도제목을 구했더니 주께서 허락하시어 모두가 환난 날에 부르짖고 응답받으므로 워싱턴 주의 영적 분위기는 새로워졌다. 참여하는 교회와 선교 일선의 형편은 점점 강력해지는 견고한 성을 경험할 수 있었다. 그리하여 워싱턴 주 열방을 품는 기도성회는 지금까지 10년 이상 이어져 가고 있다.

중보 기도 제목은 다음과 같다.

1. 교회가 연합하여 '열방을 품는 기도'로서 세계선교에 최선을 다한다.
2. 워싱턴 주의 영적인 부흥을 위해 그리스도인들이 연합기도로 헌신한다.
3. 간절한 기도와 헌신으로 일선과 후방의 선교 동역을 굳건히 세워 나간다.
4. 기도와 전도를 통해서 중소교회와 2세 교회가 큰 부흥을 경험하게 한다.
5. 세계 각 나라 종족들이 창조주의 선하신 뜻에 순종하도록 기도한다.
6. 모든 중환자와 고통받는 자의 멍에를 풀어주도록 하나님께 간구한다.
7. 세계의 모든 중보기도 선도주자들과 연합기도운동을 펼친다.

준비모임은 발전하여 GSM 세계선교 중보 월례 기도회가 되었다. 시간의 흐름에 따라 열심 있는 기도의 용사들이 이곳, 저곳에서 모여 부르짖으며 선하신 뜻을 이뤄감에 감사로 제사를 드렸다.

2020년 현재 한국 서울, 대구, 미국 시애틀, 시카고, 로스앤젤레스, 독일 베를린, 알젠틴(Buenos Aires), 파라과이(Asuncion), 캄보디아(Phnom Penh), 인도(Kolkata)로 지역이 확장되고 있다. 그리고 같은 날(매월 2째주 목요일), 같은 기도제목을 공유하면서 믿음으로 간구한다.

'워싱턴 주 열방을 품는 기도성회'의 기도 제목도 공유하면서 특히 전후방 선교사의 사역은 물론, 선교사와 자녀들을 위해 기도한다. 그리고 세계적 평화와 고난을 당하는 자들과 조국의 평화적 복음 통일을 위해서도 기도의 끈을 놓지 못한다.

그동안의 기도 응답을 감사하면서 주의 뜻을 바르게 구함으로써 응답을 확신한다.

"그를 향하여 우리가 가진 바 담대함이 이것이니 그의 뜻대로 무엇을 구하면 들으심이라. 우리가 무엇이든지 구하는 바를 들으시는 줄을 안 즉, 우리가 그에게 구한 그것을 얻은 줄을 또한 아느니라"(요1서 5:14-15).

일본 선교 교회에서

37. GSM 선교간사의 성품과 헌신

GSM 리더들은 선한 삶을 살되, 솔선수범, 순종으로 극복해야 한다.

야고보서 2장 22절에서 "…믿음이 그의 행함과 함께 일하고 행함으로 믿음이 온전하게 되었느니라." 26절에서는 "영혼 없는 몸이 죽은 것 같이 행함이 없는 믿음은 죽은 것이니라"고 하였다. 선교회 리더들은 여러 가지 면에서 자신을 살펴보아야 한다. 내주하시는 성령께서 알고 계시며, 순종하는 자를 사랑하시기 때문이다. 선한 삶의 범주 몇 가지를 구체적으로 살펴보도록 하자.

첫째로 순종의 삶이다

곧 '나를 따르라(Follow Me)'는 주의 명령을 절대 복종해야 한다. "예수께서 제자들에게 이르시되, 누구든지 나를 따라오려거든 자기를 부인하고 자기 십자가를 지고 나를 따를 것이니라"(마 16:24; 눅 9:23).

누구든지 주의 사랑을 받는 제자가 되려면 시공을 초월하여 자기와 함께 임재하시는 주의 명령에 집중해야 한다. 곧 자기를 부인하고 주를 인정하며, 자기에게 주어진 희생의 십자가를, 그것이 무엇이 되었든 기꺼이 지고 주를 따라야하는 것이다. 주를 따른다는 것은 죽도록 섬기는 도리와 같은 내용이다.

"인자가 온 것은 섬김을 받으려 함이 아니라 도리어 섬기려 하고 자기 목숨을 많은 사람의 대속물로 주려 함이니라"(마 20:28).

우리를 구원하기 위하여 십자가에서 대속의 제물로 성자 예수님 자신을 주신 것 같이 우리가 그의 사랑을 배워서 순종으로 따라가기 위해서는 우리도 형제들을 위하여 목숨을 버릴 각오로 살아야 하는 것이다.

"그가 우리를 위하여 목숨을 버리셨으니 우리가 이로써 사랑을 알고 우리도 형제들을 위하여 목숨을 버리는 것이 마땅하니라"(요일 3:16)

둘째로, 선한 삶을 살아야 한다

빌 헐(Bill Hull)은 말하기를 미국교회에서 에베소서 2장 8-9절의 말씀은 잘 가르치는데, 10절의 말씀은 잘 가르쳐 실천하도록 돕지 않음으로써 제자도의 삶을 살지 못하게 한다는 것이다.

"너희는 그 은혜에 의하여 믿음으로 말미암아 구원을 받았으니 이것은 너희에게서 난 것이 아니요 하나님의 선물이라. 행위에서 난 것이 아니니 이는 누구든지 자랑하지 못하게 함이라"(8-9).

"우리는 그가 만드신 바라 그리스도 예수 안에서 선한 일을 위하여 지으심을 받은 자니 이 일은 하나님이 전에 예비하사 우리로 그 가운데서 행하게 하려 하심이니라"(10).

그의 주장대로 칭의와 성화를 떼어서 생각할 수가 없다. 제자는 그리스도의 십자가의 은혜를 믿음으로써 구원을 받은 데서 끝난 것이 아니라, 구원의 목적은 평생을 통하여 창조주의 거룩한 뜻을 순종하되, 삶 전체를 생명을 다해 하나님을 사랑하고 이웃을 내 자신같이 사랑하는 일 곧 지상명령(The Great Commandment, 마 22:37-40)과 선교명령인 대위임령(The Great Commission, 마 28:18-20)을 준행함에 하루하루 선한 삶에 최선을 다해야 하는 것이다.

"우리가 선을 행하되 낙심하지 말지니 포기하지 아니하면 때가 이르매 거두리라 그러므로 우리는 기회 있는 대로. 모든 이에게 착한 일을 하되, 더욱 믿음의 가정들에게 할지니라"(갈 6:9-10).

셋째로, 경건의 삶이다

경건의 삶은 바른 기도생활과 성경읽기와 적용하는 생활과 성결한 삶을 살아야 한다. 먼저 바른 기도생활이란 하나님의 뜻을 따라 기도하며, 믿음으로 기도하되, 간절히 하고, 끈질긴 기도생활을 해야 한다(요일 5:14-15; 히 11:6; 행 12:5; 빌 4:6-7; 렘 33:3; 마 7:7-8; 사 58:6-9상).

하나님의 뜻에 합당한 기도

"그를 향하여 우리가 가진 바 담대함이 이것이니 그의 뜻대로 무엇을 구하면 들으심이라. 우리가 무엇이든지 구하는 바를 들으시는 줄을 안즉 우리가 그에게 구한 그것을 얻은 줄을 또한 아느니라"(요일 5:14-15).

끈질긴 기도

"그리하면 너희에게 주실 것이요 찾으라 그리하면 찾아 낼 것이요 문을 두드리라 그러면 문이 너희에게 열릴 것이니 구하는 이마다 얻을 것이요, 찾는 이가 찾아낼 것이요, 두드리는 이에게 열릴 것이니라"(마 7:7-8).

경건한 삶 가운데 빼놓을 수 없는 것 하나는 성경을 날마다 읽는 일과 그 말씀을 묵상하고 이를 암송함으로써 마음에 삭이는 것이다. 그리하여 그 말씀을 날마다 삶 속에 적용하도록 힘써야 한다.

신명기 6장 4-9절에 보면, 이는 유대인들이 어릴 적부터 평생을 가장 중히 여겨 말씀을 읽고 묵상하고 암송하고 자녀들에게 가르치며 엄히 실천해 나가는 성경구절이다.

"이스라엘아 들으라 우리 하나님 여호와는 오직 유일한 여호와이시니 너는 마음을 다하고 뜻을 다하고 힘을 다하여 네 여호와 하나님을 사랑하라 오늘 내가 네게 명하는 이 말씀을 너는 마음에 새기고, 네 자녀에게 부지런히 가르치며 집에 있을 때에든지 길을 갈 때에든지 누워있을 때에든지 일어날 때에든지 이 말씀을 강론할 것이며, 너는 또 그것을 손목에 메어 기호를 삼으며 네 미간에 붙여 표로 삼고, 또 네 집 문설주와 바깥문에 기록할지니라"

경건한 삶 가운데 중요한 것 한 가지는 도덕적인 성결한 삶이다. 경건한 삶을 살아가야 될 성도 중에 혹은 리더 중에 이 문제로 넘어지는 경우를 흔히 보게 됨은 참으로 슬픈 일이다. 성경은 엄히 말씀하신다.

"너희는 너희가 하나님의 성전인 것과 하나님의 성령이 너희 안에 계시는 것을 알지 못하느냐 누구든지 하나님의 성전을 더럽히면 하나님이 그 사람을 멸하시리라. 하나님의 성전은 거룩하니 너희도 그러하니라"(고전3:16-17).

성결한 삶을 살기 위해서는 성령을 따라 살아야 한다. 그리하면 육체의 길에서 성령의 성품을 따르는 삶으로 변화 받고 거룩하게 살아갈 수가 있다.

> "내가 이르노니 너희는 성령을 따라 행하라 그리하면 육체의 욕심을 이루지 아니하리라. 육체의 소욕은 성령을 거스르고 성령은 육체를 거스르나니 이 둘이 서로 대적함으로 너희가 원하는 것을 하지 못하게 하려함이니라"(갈 5:16-18).

이어서 갈라디아서 5장 19-21절과 22-23절에 보면, 그 문제들과 해결책을 말씀하신다.

> "육체의 일은 분명하니 곧 음행과 더러운 것과 호색과 우상숭배와 주술과 원수 맺는 것과 분쟁과 시기와 분냄과 당짓는 것과 분열함과 이단과 투기와 술 취함과 방탕함과 또 그와 같은 것들이라 전에 너희에게 경계한 것같이 경계하노니 이런 일을 하는 자들은 하나님의 나라를 유업으로 받지 못할 것이요 오직 성령의 열매는 사랑과 희락과 화평과 오래 참음과 자비와 양선과 충성과 온유와 절제니 이 같은 것을 금지할 법이 없느니라"

성결의 삶을 누구나가 특히 리더십에 있는 자들은 더 조심하여야 할 것이다. 또 한 가지 마태복음 5장 48절의 말씀을 더 명심하자.

그러므로 하늘에 계신 너희 아버지의 온전하심과 같이 너희도 온전하라(Be perfect, therefore, as your heavenly Father is perfect).

이와 같이 근신함에도 불구하고, 만에 하나 넘어지는 경우가 생기면, 하나님의 낯을 피해 아담처럼 숨지 말고, 가룟 유다처럼 목매달아 죽지 말고, 하나님의 사유하심의 은총을 믿음으로 예수의 피를 힘입어 성소로 나가야 한다. 그리하면 새로운 살길이 보일 것이다(히 10:19-20; 요일 1:9; 사 1:18; 히 8:12).

넷째로, 바른 물질관의 삶이다

하나님의 나라를 위해 지상명령(마 22:37-40)과 대위임령(28:18-20)을 준행하려는 자들은 바른 물질관을 가지고 살고자 힘써야 한다. 물질과 하나님을 겸하여 섬길 수 없기 때문이다.

선교에 있어 식량과 군수물자에 해당되는 물질은 매우 중요한 위치를 차지한다. 그렇기에 선교사들은 이것들을 어떻게 얻고 관리함에 대하여 신실함과 정직성과 투명성이 있어야 한다. 결코 어두움이 있어서는 안 된다(6:19-21; 6:24; 6:31-33; 딤전 6:10; 히 13:5).

"너희를 위하여 보물을 땅에 쌓아 두지 말라 거기는 좀과 동록이 해하며 도둑이 구멍을 뚫고 도둑질 하느니라. 오직 너희를 위하여 보물을 하늘에 쌓아 두라 거기는 좀이나 동록이 해하지 못하며 도둑이 구멍을 뚫지도 못하고 도둑질도 못하느니라. 네 보물이 있는 곳에는 네 마음도 있느니라"(마 6:19-21).

"한 사람이 두 주인을 섬기지 못할 것이니 혹 이를 미워하고 저를 사랑하거나 혹 이를 중히 여기고 저를 경히 여김이라. 너희가 하나님과 재물을 겸하여 섬기지 못하느니라"(6:24).

"그러므로 염려하여 이르기를 무엇을 먹을까 무엇을 마실까 무엇을 입을까 하지 말라. 이는 다 이방인들이 구하는 것이라. 너희 하늘 아버지께서 이 모든 것이 너희에게 있어야 할 줄을 아시느니라. 그런즉 너희는 먼저 그의 나라와 그의 의를 구하라 그리하면 이 모든 것을 너희에게 더 하시리라"(6:31-33).

"돈을 사랑함이 일만 악의 뿌리가 되나니 이것을 탐내는 자들은 미혹을 받아 믿음에서 떠나 많은 근심으로써 자기를 찔렀도다"(딤전 6:10).

"돈을 사랑하지 말고 있는 바를 족한 줄로 알라. 그가 친히 말씀하시기를 내가 결코 너희를 버리지 아니하고 너희를 떠나지 아니하리라 하셨느니라"(히 13:5)

바른 물질관과 연관된 부분으로, 바른 헌금생활을 하는 자가 바른 제자들, 곧 선교사의 삶이라 할 수 있다(말 310; 눅 21:1-4; 고후 9:6-7).

"만군의 여호와가 이르노라 너희의 온전한 십일조를 창고에 들여 나의 집에 양식이 있게 하고 그것으로 나를 시험하여 내가 하늘 문을 열고 너희에게 복을 쌓을 곳이 없도록 붓지 아니하나 보라"(말 3:10).

"예수께서 눈을 들어 부자들이 헌금함에 헌금 넣는 것을 보시고 또 어떤 가난한 과부가 두렙돈 넣는 것을 보시고 이르시되 내가 참으로 너희에게 말하노니 이 가난한 과부가 다른 모든 사람보다 많이 넣었도다. 저들은 그 풍족한 중에 헌금을 넣었거니와 이 과부는 그 가난한 중에서 자기가 가지고 있는 생활비 전부를 넣었는지라 하시니라"(눅 21:1-4).

"이것이 곧 적게 심는 자는 적게 거두고 많이 심는 자는 많이 거둔다 하는 말이로다 각각 그 마음에 정한대로 할 것이요. 인색함으로나 억지로 하지 말지니 하나님은 즐겨내는 자를 사랑하시느니라"(고후 9:6-7).

또 한 가지 바른 물질관과 관련된 사도 바울의 자비량 사명관을 살펴볼 필요가 있다(살전 2:8-9).

자비량 중간선교사의 전문성 부족과 위계질서 문제를 해결해야 한다. GSM 중간선교사인 간사들은 오직 주님 사랑하고, 하나님 선교를 위한 헌신에 열중하는 자들이다.

그 사역에는 생활비를 얻기보다 지출이 많아지고, 입신출세나 명예를 얻는 것도 아니다. 그런데 일반적으로 선한 일을 하면서도 수입이 있는 것이 보통인데 전혀 없다니 거기에는 문제가 없지 않다.

자기희생이 따르는 무료봉사이기에, 저들은 직분만 있고 계급이 없는 사역장에서 위계질서를 스스로 지키지 않으면 안 된다. 서로에게 성숙함이 없으면 피차간에 상처를 줄 수도 있고 받을 수도 있기에, 이는 서로 사랑하고 연합하기에 어려운 환경이기도 하다.

물론 각각 섬기는 교회에서의 직분은 있다. 원로목사, 은퇴목사, 담임목사, 선교사, 장로, 안수집사, 권사, 집사 등. 그러나 그것은 각기 섬기는 자기 교회에서의 직분일 뿐, GSM 선교회에서의 직분은 아니다.

GSM에서는 대표, 사무총장, 사무국장, 회계간사, 선교사 담당간사, 후원자 담당간사, 홍보영상 담당, 행사담당, 그리고 각 지역에 임명된 지부장, 혹은 순회선교사, 홍보대사 등 자비량 직명이 있을 뿐이다. 그러므로 해결책을 다음에 제시하려고 한다.

1) 중간 선교사에게 가장 중요한 선교의 사명감과 영적인 성숙함.

사명 없이는 자비량 선교사역자로서 능률 있게 오랫동안 일할 수는 없을 것이다. 그리고 영적으로 성숙하지 못하면 서로가 인격적으로 신사적으로 동역자를 나보다 낫게 여기지도 못할 것이다. 무엇보다도 중요한 것은 하나님 선교를 사랑하는 사명감과 신앙적으로 신령한 성숙함이다. 구체적으로 이러한 사명감과 성숙함은 언행과 교제하는 중에 좋든 싫든 간에 나타나기 마련이다.

예를 들면, 각기 교회에서 가지고 있는 직분은 일단 내려놓아야 한다. 그래야만 서로가 간사로서의 입장에서 각각 다른 직분에 대하여 인정함으로써 스스로 협력하기를 즐거워할 수 있다.

그렇지 않고 잘못된 교회의 관행 따라 주장하는 자세를 부린다면 은연중에 불편해지고 화목이 깨지기 쉽다. 간사들은 서로의 인격과 신앙과 헌신과 직분을 존중하면서 한 주간에 한 번씩 함께 모여 회의도 하고 일도 한다.

여기에서 제일 먼저 해야 할 일이 있다. 그것은 성령의 인도하심을 따르도록 결단하는 일이다. 따라서 일하기 전에 진정으로 드리는 경건 예배의 선행이다. 이 예배는 얼마 전까지 없었던 과정이었다. 그러나 간사들 간에 잡음이 생기고 다툼이 일어나는 슬픈 경험을 한 후에 성령께서 지시하신 내용이다.

우리가 제아무리 충성스럽게 주의 일을 한다고 하더라도 장차 주님께서 심판 날에 나는 너를 모른다 하시면 이보다 슬픈 일이 어디에 있겠는가!(마 7:22-23) 그래서 일하기 전에 먼저 하나님 앞에 말씀을 듣고 기도하면서 겸허해지는 것이 우선이라고 깨닫게 된 것이다. 이는 형식적인 것이 아니라, 실제로 절대 필요한 과정임을 본부의 간사들은 잘 알고 실행한다. 그 예배의 형식은 모든 간사가 돌아가며 인도한다. 큐티(QT) 중에 받은 은혜를 나눔으로써 말씀을 전하고 있다. 여기에서 얻으려는 것은 우리가 함께 일하되, 서로 성령 안에서 겸허하게 서로 섬기며 일하자는 것이다.

2) 간사들의 자비량 섬김은 물론, 자체 전문교육을 통해 능률을 향상함.

영적으로 성숙하도록 도울 뿐만 아니라, 전문지식과 행정 곧 컴퓨터 조작법을 비롯하여, 엑셀 사용법, 계획서 작성법, 기타 문서작성법, 선교사나 후원자와의 대화법 등 행정에 대한 기술 습득과 향상을 목적으로 하는 자체 교육을 강화할 필요가 있다. 그럼으로써 필경은 업무의 질과 진도가 올라가고 자존감이 높아지게 될 것이다. 그리하여 즐거움으로 일하는 중간 선교사가 되기를 기대해 본다.

《평생선교사》(황선규 저) 책자에서는 다음과 같이 간단히 요약하고 있다.

a. 복음전도에 열정이 있고, 중간역할을 잘 감당하는 사람.

b. 선교사와 후원자를 돕기 위해 능동적이며, 온유한 사람.

c. 나이와 상관없이 정신연령이 젊고 활동력이 있는 사람.

d. 자비량하고 나눠 주기를 즐거워하는 사람.

e. 정직, 근면, 성실하고, 오래 참으며, 끈기 있게 일하는 사람.

(황선규 2015, 191-96)

3) 대표 이하 상근 스태프들에게 선교비와 상여금 등을 마련토록 격려함.

대표와 사무총장과 간사들 중에 상시 근무자에 한하여는 일선 선교사와 마찬가지로, 일가친척, 친지, 교회친구 등을 통하여 선교후원비를 받도록 규정화하려고 한다. 그 한도는 추상적으로는 하나님과 사람 앞에 합리적인 사역비가 되기를 기대한다. 구체적으로는 월 3,000~5,000 불 미만이면 어떨까 생각하며 기도 중에 있다.

4) 목회자 및 선교사 위한 세미나 강사로 유능한 1:1 동역선교 성공자와 협력함.

이미 세미나를 미국과 한국의 유명도시에서 실시한 바 있으나 성과는 아직 풍성치 못했다. 그러나 앞으로 가능성은 없지 않다. 그와 같은 여건이 조성 중에 있다.

첫째는 논문이 완성된 것이고, 필자가 그 일에 전무할 수 있는 기회가 올 것이며, 또한 1:1 동역선교에 성공한 이름 있고 유능한 목회자와 선교사들이 함께 강사가 됨으로써 큰 힘을 보탤 수 있을 것이다. 또 한 가지는 YouTube를 통한 황선규 섬김이의 "1:1 동역선교전략"에 관한 강의이다.

5) '1:1 동역선교'를 하려는 개인 혹은 선교회의 창립을 돕고, 네트워킹을 도모함.

GSM 선교회와 같은 선교사를 위해 후원자를 얻어주는 선교단체가 더 생겨나기를 제안한다. 이는 간절한 소원이다. 우리는 상인들처럼 경쟁자가 아니라 동역자이기에 다르다.

이를 위하여 이러한 사역을 원한다면, 우리의 성공과 실패의 경험을 기꺼이 나눌 것이다. 그래서 서로 1:1 동역선교 시스템이든 또 다른 어떤 방법이든 서로가 공유하고 협력하는 네트워킹그룹을 형성하기를 원한다. 그러면 지금보다 훨씬 더 빠른 속도로 교회에의 접목 등 모든 동 역사역이 확대될 것이다.

그 결국은 풍성한 열매로 하나님의 선교를 마무리하는 일에 시간이 단축되리라 확신한다. 우리는 서로가 경쟁자가 아니라 협력자이다. 육 전에서도 육·해·공·해병대가 함께 연합전선을 폄으로써 승리하듯이 우리 영적인 전쟁에서도 마찬가지이다. 서로 각 교파, 교단, 교회를 초 월하고 수많은 교회와 선교단체들이, 또한 선교사들에게 1:1로 돕는 효 율적인 선교후원 패러다임이 새로이 정립된다면 얼마나 좋을까! 생각 만 해도 주님의 기뻐하심을 본다.

38. '평생선교사' 책을 10불에
   파는 이유

◇

◆

나는 글 쓰는 재주가 남달리 뛰어난 게 아니다. 다만 바르게 이해하고 표현하고 전할 수 있는 능력이 있을 뿐이다. 그러나 남의 글을 읽을 적에 남달리 표현이 부드럽고 순서가 정연함으로 글재주가 있는 분이 있다는 사실을 부인 못한다.

나의 《평생선교사》 책은 내가 쓴 진솔한 내용들이지만 이처럼 사람들이 쉽게 잘 읽고 이해하고 도전 받게 하려고 나름대로 무척 애를 많이 썼다. 이런 노력 끝에 문장 작가인 어느 사모님을 소개받게 되었다. 그분은 남편의 신체장애로 말미암아 목회에 많은 고통이 수반하는 가운데 가계를 돕고자, 자기에게 주신 은사인 글쓰기를 시작하신 분이다. 그러므로 나같이 심신장애로 많이 힘들어하는 자를 돕는 일에 어렵게 참여하게 되어 얼마나 감사한지 모른다.

이분을 소개 받기 위해 샌프란시스코와 서울 등지를 날아다니며 도움을 받기에 이른다. 지루하지도 않았고 시간낭비도 아니라고 생각되었다. 기왕에 쓰는 책 내용의 분량은 대단히 많지만 잘 요약되고 질서 정연하게 나열됨으로써 많은 사람에게 읽히고 이해되고 도전받고 함께 후방선교사가 되려는 마음을 주는 기적을 바라보고 있었기 때문이다.

《평생선교사》책 제목부터 잘 되었다. 우리 모두는 누구나가 다 평생 선교사가 될 수 있다는 도전이기 때문이다. 많은 분량을 준비하였지만 그 작가에 의하여 채택된 부분은 아주 적은 분량이다. 그 작가 사모님이 한번은 호소하는데 자구 수정 정도에서 나의 책을 마무리하는 줄로 알았는데 그 전체를 다시 쓰는 심정이라 집 고치기처럼 더욱 어렵다고 실토한 바를 들은 적이 있다.

《평생선교사》책은 간단하게 마무리되었다. 오직 일대일 동역선교에만 초점을 맞추었기 때문이다. 쉽게 읽고 쉽게 이해되고 크게 선교도전을 받는 명물이 탄생한 것이다.

만약 이 책이 없었더라면 우리는 매월 100불 후원을 할 수 있는 기회를 많이 놓쳤을 것이 분명하다. 영심이 있는 순회선교사인 윤달호 선교사는 7독을 하였다는 것이며, 먼저 영광의 나라에 가신 이병일 목사는 4번을 읽으면서 은혜를 받고, 월간 200만 원, 전 가계수입에서 반액인 100만 원을 가지고 10명의 선교사를 후원하기 시작하였다.

그러던 어느 날 시애틀에 '통일은 대박이다' 특별강사로 오신 신 박사를 통해 도전받기를 그는 그의 저서 《통일은 대박이다》 3만 권을 판매한다는 것이다. 나의 책 《평생선교사》는 그보다 더 가치 있는 것인데, 나는 도전을 받게 되었다. 그 순간 3만 권 보급을 주의 명령으로 알고 마음에 결단하게 되었다. 3만 권을 보급하기 위해서는 선물로 처리해야 가능해진다. 그래서 행사 후의 선물, 누구를 만났을 적에, 또한 간사들을 통한 선물 등으로 열심을 품게 되었다. 2만 권까지 선물로 보급했을 때 2020년 코로나 19 바이러스 팬데믹을 만나게 되었다. 그래서 우리 GSM 선교의 밤 행사로 모이질 못하게 되는 형편에 기도하였다.

그래서 각개전투를 생각하게 되고 주께서 주시는 비상 작전명령의 일환으로 우리 간사들과 순회선교사들을 총동원하여 이제까지 선물하던 책을 단돈 10불에 판매함으로써 보급하고, 이로써 1구좌 100불을 얻을 수 있도록 작전을 준행하게 된 것이다. 구체적으로는 대표 이하 5권씩 판매하기 위해선 50불을 투자해서 5권의 책을 구입하고 이를 같은 값에 판매할 적에 필히 후방선교사가 될 만한 분을 선별하고 보급하라는 명령을 내렸다.

성실한 자는 이를 준행함으로써 나머지 3만 권 중 1만 권의 판매를 통해 후원자를 얻는 전술로 활용했다. 생각하고 계획하고 강조한 것만큼의 성과는 나타나지 않았다. 그러나 그 정신은 살아 있어 지금도 선물에서 판매로 후방선교사 얻기에 힘쓰고 있어서 그 의미가 크다고 본다.

39. GSM 선교 철학은 무엇인가?

나에겐 별도의 선교 철학이 없다. 다만 주님의 선교 철학이 바로 GSM 선교 철학이다. 주님의 선교 철학은 "나를 따르라(FOLLOW ME)"이다. 마태복음 16:24에 의하면 "예수께서 제자들에게 이르시되 누구든지 나를 따라오려거든 자기를 부인하고 자기 십자가를 지고 나를 따를 것이니라"라고 명령하셨다. 그러므로 우리 제자들은 그 명령하시는 바를 순전하게 따르기만 하면 되는 것이다.

성경에서 가장 큰 계명 두 가지가 있다. 하나는 마태복음 22:37-49의 지상명령이다. 다른 하나는 마태복음 28:18-20의 대위임령이다.

첫째의 계명은 "예수께서 이르시되 네 마음을 다하고 목숨을 다하고 뜻을 다하여 주 너의 하나님을 사랑하라 하셨으니 /이것이 크고 첫째 되는 계명이요/둘째도 그와 같으니 네 이웃을 네 자신같이 사랑하라 하셨으니/이 두계명이 온 율법과 선지자의 강령이니라"

생명을 다해 하나님 사랑과 이웃사랑을 하여야 한다는 큰 계명 두 가지를 받은 자에게 주님께서는 선교명령인 대위임령을 주신 것이다.

마태복음 28장에 "예수께서 나아와 말씀하여 이르시되 하늘과 땅의 모든 권세를 내게 주셨으니 그러므로 너희는 가서 모든 민족으로 제자를 삼아 아버지와 아들과 성령의 이름으로 침례(세례)를 베풀고 내가 너희에게 분부한 모든 것을 가르쳐 지키게 하라 볼지어다 내가 세상 끝날까지 너희와 항상 함께 있으리라 하시니라"

따라서 GSM 선교사의 행동철학은 어떠해야 하겠는가? '나를 따르라'는 명령을 따라 지상명령과 대위임령을 준행해야 한다.

다시 말하면 "주님을 본받아 섬기는 사람들"이 되어야 한다.

마태복음 20:28에 보면 "인자가 온 것은 섬김을 받으려 함이 아니라 도리어 섬기려 하고 자기 목숨을 많은 사람들의 대속물로 주려 함이라"

이어서 요한일서 3:16절에 따르면 "그가 우리를 위하여 목숨을 버리셨으니 우리가 이로써 사랑을 알고 우리도 형제를 위하여 목숨을 버리는 것이 마땅하니라"

이러한 주를 따르는 삶을 위하여 날마다의 삶을 통해 선한 일에 부요해야 하는 것이다.

에베소서 2장 10절에 보면 "우리는 그가 만드신 바라 그리스도 예수 안에서 선한 일을 위하여 지으심을 받은 자니 이 일은 하나님이 전에 예비하사 우리로 그 가운데서 행하게 하려 하심이라"

갈라디아서 6장 9-10절에는 "우리가 선을 행하되 낙심하지 말지니 포기하지 아니하면 때가 이르매 거두리라/ 그러므로 우리는 기회 있는 대로 모든 이에게 착한 일을 하되 더욱 믿음의 가정들에게 할지니라"

이와 같이 선한 일을 위해 우리를 지으셨거니와 기회 있는 대로 특히 성도들을 위해 선한 일에 더욱 힘쓸 것을 분부하고 계시거니와 그는 이로서 끝이 아니라, 반드시 이 선한 일을 넉넉하게 준행함으로써 하나님을 영화롭게 하기 위하여 필요를 풍성하게 공급해 주심을 약속하고 계신다.

빌립보서 4:19-20절에 "나의 하나님이 그리스도 예수 안에서 영광 가운데 그 풍성한 대로 너희 모든 쓸 것을 채우시리라/하나님 우리 아버지께 세세 무궁하도록 영광을 돌릴지어다. 아멘!"

우리 GSM 선교회의 선교 철학은 어느 누가 지도자가 되든지 "나를 따르라_Follow Me!" 이다. 이를 준행하는 자는 하나님의 복의 통로가 되는 것이다.

이 책 발간을 위해 글과 사진으로 도움을 주신
시애틀 이동근 장로님과
아름다운 책으로 출간해 주신 한국의 엎드림출판사
대표 송정금, 이요섭 목사님에게 진심으로 감사드립니다.

후 원 약 정 서

[GSM 선교회 - 미국본부]

이름:(한글) _____ (영문) _____

소속교회: _____ (직분) _____

전화번호: (_____) _____-_____

이메일: _____

주소: _____

- 원하시는 후원란에 표시해 주세요 -

☐ 신규 후원 약정   ☐ 추가 후원 약정

  * 월 후원금 $ _____

  * 후원 시작: _____년 ____ 월 부터 (_____ 년간/ 평생)

☐ 일시 후원을 약정합니다. 후원금액 $ _____

☐ 은사(달란트)로 후원합니다: _____

☐ 기도로 후원합니다.

          서명: _____

- 후원 방법 -

☐ Check를 우편으로 송부합니다. (Pay to order: GSM)

☐ 신용 카드에서 GSM이 수령해 가도록 허락합니다.
       ☐ VISA ☐ Master ☐ Amex ☐ Other
  Card Number: _____
  Expiration Date: _____/_____ CVC: _____
  Card Holder Name: _____
  Signature: _____

☐ 은행 구좌에서 자동 이체 합니다.
  Bank Name: _____
  Routing #: _____ Account #: _____

---

* 후원자님의 이메일로 후원신청서 양식을 보내 드리겠습니다. 작성하신 신청서를
   선교회 이메일(gsm3003@gmail.com)로 보내 주시기 바랍니다.